U0565344

读懂投资 先知未来

大咖智慧
THE GREAT WISDOM IN TRADING

成长陪跑
THE PERMANENT SUPPORTS FROM US

复合增长
COMPOUND GROWTH IN WEALTH

同花顺

分时技法
实战精要

珍藏版

周志海　彭　超/主编

山西出版传媒集团　山西人民出版社

图书在版编目（CIP）数据

同花顺分时技法实战精要 / 周志海，彭超主编 .
太原：山西人民出版社，2025.2. —（同花顺炒股实
战精要丛书）. — ISBN 978-7-203-13700-9

Ⅰ. F830.91-39

中国国家版本馆 CIP 数据核字第 2024HU6780 号

同花顺分时技法实战精要

主　　编：周志海　彭　超
责任编辑：孙　琳
复　　审：崔人杰
终　　审：梁晋华
装帧设计：卜翠红

出 版 者：山西出版传媒集团·山西人民出版社
地　　址：太原市建设南路 21 号
邮　　编：030012
发行营销：0351-4922220　4955996　4956039　4922127（传真）
天猫官网：https://sxrmcbs.tmall.com　电话：0351-4922159
E-mail：sxskcb@163.com　发行部
　　　　　sxskcb@126.com　总编室
网　　址：www.sxskcb.com

经 销 者：山西出版传媒集团·山西人民出版社
承 印 厂：廊坊市祥丰印刷有限公司

开　　本：710mm×1000mm　1/16
印　　张：16.5
字　　数：222 千字
版　　次：2025 年 2 月　第 1 版
印　　次：2025 年 2 月　第 1 次印刷
书　　号：ISBN 978-7-203-13700-9
定　　价：88.00 元

《同花顺分时技法实战精要》编委会

顾　问：邹　鲁

主　编：周志海　彭　超

副主编：廖造光　麻广林　马晓斌　刘　雁

编　委（按姓名拼音排序）：

常起宁　陈素群　贵云平　胡亚伟　盛　栋　盛　卉

徐一帆　徐长涛　许　乐　杨光松　杨　腾　余燕龙

余志亮　张京舜　张　群　周　舟　朱胜国

同花顺与舵手证券图书服务平台

同花顺成立于 1995 年，是国内领先的互联网金融信息服务提供商，作为国内第一家互联网金融信息服务业上市公司，同花顺致力于技术创新，实践"让投资变得更简单"的理念，为各类机构客户和个人投资者提供全方位的金融投资服务。

舵手证券图书成立于 1994 年，始终秉承"一流交易者创一流作品"的理念，从全球十余家权威出版机构引进版权与好书，与国内外交易大师、一线交易者建立了合作关系，持续出版了全球投资大师和职业操盘手的各类著作，至今已累计出版 1000 余部优秀证券图书。

经典投资书籍是投资者的福音，能极大提升交易者的技术水平和交易能力。打造交易者学习平台，是同花顺、舵手证券图书的共同使命。欢迎加入我们的行列，让我们携手共进，在投资的征途中，以知识为舟，以智慧为帆，共同驶向成功的彼岸！

微信扫一扫
敬请添加同花顺陪伴官小顺

丛书总序

在瞬息万变的股市中，每一位投资者都渴望找到一把打开财富之门的钥匙。然而，市场的波动性与不确定性使得许多投资者在寻求稳健收益的过程中遭遇了挑战，新手投资者由于缺乏系统学习和实战演练，更是导致其在股市中屡屡受挫。

有鉴于此，为了回馈广大用户的信任，帮助广大投资者更好地理解市场动态与规律、掌握有效的投资策略与实操技术，国内领先的金融信息服务平台同花顺，联合投资领域知名品牌舵手证券图书，精心策划并推出本套"同花顺炒股实战精要丛书"，旨在通过深入浅出的讲解方式和案例分析，在帮助广大投资者掌握同花顺炒股软件精髓的同时，系统化地提升炒股实战技能，从而在股市中稳健前行。

本丛书由多位资深分析师及实战派专家精心编写创作而成，丛书通过理论结合实践的方式，为读者提供了一套全面而系统的投资指南。丛书不仅包含了当前热门话题和技术趋势的深入探讨，还特别注重实操层面的经验分享。本丛书首期出版的几册图书，各有侧重，专门讲透一个主题：丛书之一《同花顺量价分析实战精要》，读者可以了解价格与成交量之间的微妙联系及其对股价走势的影响；丛书之二《同花顺盘口技法实战精要》，揭示了开盘与收盘时刻的关键策略；丛书之三《同花顺技术分析实战精要》，探索 K 线图形背后隐藏的信息和密码；丛书之四《同花顺分时技法实战精要》，读者可以学到如何捕捉盘面分时的精准买卖点。每册书都凝聚着作者们多年来的智慧结晶与实战经验。

　　在未来，"同花顺炒股实战精要丛书"也将持续更新和扩展新品种，推出更多关于股市投资实战技巧的图书，继续帮助投资者快速掌握股市实战技法，提升市场分析能力和决策能力。

　　我们相信，通过这一系列图书的持续推出和学习，每一位投资者都能够在股市中不断提升自己的投资水平和实战能力，最终实现财富增值的目的。

　　我们也希望，"同花顺炒股实战精要丛书"能够成为每一位股市投资者的实战宝典，陪伴大家在股市投资的道路上不断前行，早日实现财富自由！

"同花顺炒股实战精要丛书"编委会

2024 年 10 月 18 日

前　言

投资市场是复杂的，投资本身也是一件很复杂的事。不少投资者整天忙忙碌碌地分析、研究和操作，投入大量精力，却依然难以应对市场中庞杂的信息。复杂容易使人迷失，面对复杂的投资市场，我们可以拿起奥卡姆剃刀，化繁为简，把复杂的事情简单化，以便于理解和操作。

奥卡姆剃刀定律，是由 14 世纪逻辑学家奥卡姆（William of Ockham）提出的，他说"如无必要，勿增实体"，即"简单有效原理"。也就是说，如果你有两个原理，它们都能解释面对的事实，那么你应该使用简单的那一个，最简单的解释往往比复杂的解释更准确。同样，如果你有两个类似的解决方案，那么你应选择最简单的那个。

"同花顺炒股实战精要丛书"就是基于"简单有效原理"而创作的，希望以最简单、最系统、最快速的方式，借助同花顺软件及其特色功能帮助广大投资者少走弯路，端正交易理念，学习交易知识，改善交易绩效，早日迈入投资交易的殿堂。

"同花顺炒股实战精要丛书"之《同花顺分时技法实战精要》共分为八章，力求：结构上简单、功能上有效、使用上可复制。

一、结构上简单

"真理是简单的，复杂的往往是谬论。"投资交易也不例外，往往越简单的东西越可靠，也越有生命力。

本书共八个章节，第一章讲解同花顺软件行情信息的基础，第二章讲解同花顺软件的分时图，第三章和第四章分别讲解利用同花顺软件分时图上经典买入和卖出技巧，第五章和第六章分别讲解利用同花顺软件分时图上形态买卖法则，第七章为进阶内容，主要解析了主力常用的一些拉升方式，第八章则为分时技术总结，讲解分时图盘口信息综合分析。

"同花顺炒股实战精要丛书"从底层结构框架上将投资交易划分为四个阶段：交易理念→交易规则→交易决策→交易执行。下面一一阐述。

1. 交易理念相对于具体的技术知识，没有那么光彩夺目，比较抽象，但它却贯穿投资活动的始终，是整个交易的灵魂。在交易理念方面，投资者需要把握三大原则：先生存后发展、先胜率后赔率、先方向后位置（时机），并深刻理解每个章节的技术内涵，才能打下一个扎实的交易基础。交易理念是交易活动的开始，如果有一个正确的开始，我们就将很可能得到一个正确的结束。

2. 交易规则是关于交易得以实现的市场架构、规则和制度等方面的内容，即市场微观结构理论。投资者进行交易，不学习交易规则是不行的。学习交易规则，可以帮助投资者理解证券市场的价格形成与发现机制，从而为技术分析和投资决策提供基础支持。

3. 交易决策是所有投资者都渴望学习并且能快速见到效果的环节，以循序渐进、抽丝剥茧的方式，对技术分析进行具体阐述和讲解。其中，"量、价、时"是交易的三大元素，"形、趋、盘"是技术分析的核心内容。通过对六大因素的学习，投资者可以掌握盘口细节、分时形态、趋势买卖点、经典K线、均线扭转、经典理论、指标背离、多空临界状态等知识要点，在识别和度量风险程度的基础上，按照自身的风险承担能力，作出合适的交易决策。

4. 交易执行是交易决策的下一阶段，强调的是交易策略、交易指令的执行力，主要包括资金管理和风险控制。通过对技术细节的学习，投资者可以针对每次交易机会分配不同的资金，实现放大利润、减少亏损。

二、功能上有效

一个理论、方法或者系统，要实现有效，一方面要在原理上保持正确，另一方面要在实践上能被检验。本丛书会帮助投资者从原理上深刻理解书中的理论和方法，本系列不仅会告诉你当下市场在"做什么"，面对未来应该"怎么办"，还会从不同的角度去阐述背后的原因，让你知道"为什么"。

"知其然还得知其所以然"，当你从原理上深刻理解了书中的理论、方法和系统，自然可以明白它的正确性，继而用于指导交易实践，并检验它的有效性。

三、使用上可复制

一个理论、方法或者系统，如果只能被小范围使用，那么其效果是要大打折扣的。本书想要追求的是：书中的理论和方法，能够被大范围使用，使用的人越多越有效。首先，"简单"降低了学习的难度，大多数人都可以快速地学习、理解和掌握。其次，书中的理论和方法，来源于市场自身的内在规律，是共性的、本质的、广泛的，保证了在市场范围内长期有效。比如：市场的惯性规律特征。在物理学中，物体的质量越大，惯性就越大；质量越小，惯性就越小。在市场中也一样，参与投资交易的人越多，方法越趋同，规模效应就会出现，惯性特征就会越明显。当基于惯性规律的理论、方法被更多人理解和使用时，会增强市场自身的惯性。惯性越大，反过来又会促进理论、方法的有效性，从而形成正反馈，不断自我强化、自我实现。

四、本书适用对象

不管你是初入市场、渴望学习的投资者，还是遭遇挫折、亟须改善的交易者，或者是已经盈利、希望更上一层楼的交易员，只要你对交易有浓厚的兴趣，并且愿意投入精力去学习、研究和探索，本书都会给你有益的帮助。

"同花顺炒股实战精要丛书"就像一份路线导图，一方面体现了系统性思维，可以帮你建立起关于交易的整个框架体系，俯瞰交易全局，绕开交易陷阱，从而把精力投入正确的环节当中，快速打通交易的任督二脉；另一方面体现了阶段性思维，让你一步一个脚印看见自己的进步，持之以恒，逐渐攀登到顶峰。

当你阅读和学习完本丛书后，相信你会拥有一套全新的交易思维，对金融市场的内在规律有较深的认识，由此重新回到市场中，看到的应该不再是简单的数字变化，而是数字跳动背后的诸多秘密；听到的不再是市场中的各种流行说法，而是自己内心的独立判断；做到的不再是随意跟风买卖，而是看淡红涨绿跌，制定出有效的交易策略或措施，从容应对。

本书编委会

自 序

我们自进入金融市场最开始使用的就是技术分析，对价值投资只是稍有涉猎，直到现在也是以技术分析为主，对技术方面略为精通，这几句股谚"历史会重演""天下没有新鲜事""价格包含一切"，说的都是技术分析。这里大致谈一下对技术分析的一点点感悟，与读者朋友们分享。

技术分析泛指对价格、量能、形态、经典理论以及它们衍生出的技术指标的具体分析方法。技术分析是整个交易体系里的一部分，它提供进出场买卖点的一些信息，是市场分析的基础环节。在交易体系中的其他环节，比如资金管理、风险控制等都是建立在进出场环节之上的，也是投资大众最为关注的部分。

投资界分析流派总体分为三类：价值投资（包括成长面分析、宏观面分析、基本面分析）、行为分析（包括正向思维、逆向思维、心理分析等）和技术分析。行为分析不仅是投资的行为分析，还包括投资者的各种心理分析，仅仅投资行为分析就包含了正向、逆向等各种行为分析，其涉及面太广，不在本书中讨论。

价值投资是1934年由价投鼻祖美国人本杰明·格雷厄姆在《证券分析》一书中正式提出并首次公开的，经传承发展，成为今天的主流方法。当今世界使用价值投资的代表人物是股神沃伦·巴菲特。

技术分析的历史要早于价值投资100多年，正式提出于1760年日本人本间宗九的著作《本间宗九翁密录》，也就是后来衍生出的世人熟知的"酒田战法"，1980年由美国人史蒂夫·尼森通过其著作《日本蜡烛图技术》推广至全世界。谈到技术分析就不得不说一下西方的"道氏理论"，它是一切技术分析的基石。

1882 年美国人查尔斯·道和爱德华·琼斯创立了道琼斯公司，随后建立了我们每天都可听到、看到的道琼斯指数。1903 年道氏去世一年后，由美国人 S.A. 纳尔逊将道琼斯发表的一些文章归纳在《股市投机常识》一书中，并首次提出了"道氏理论"一词。1922 年，威廉·彼得·汉密尔顿对道氏理论进行总结分类，创作了《股市晴雨表》。1932 年由罗伯特·雷亚进一步发展并正式出版了《道氏理论》一书并流传至今。

股票市场上的分析方法有千百种，但无论什么方法，都属于行为分析、价值投资和技术分析的范围，且各有其优势和劣势。任何分析方法都只是获取财富的工具或者手段，有人靠它致富，有人却血本无归，任何方法都不是完美的，只有适用与取舍。如果适合某一阶段的自己，在自己认知范围内好用，就是好方法、好工具，而不适用的你不用就好了，工具本身是没问题的。所以，要通过学习不断地提高认知，找到适合自己的最佳工具组合。人生就是不断提高认知的过程，交易也是如此。

我们知道，股票交易的难点在于品种的选择和时机的把握，价值投资的优势在于选股，技术分析的优势在于择时，将二者综合起来，并辅以行为分析，就是很好的选择。

我们已经从事证券交易行业 20 年，从一个无知小散户到私募机构操盘手，再到现在的全职交易者（全市场操作，包含 A 股、外盘、期货、期权、外汇），一路坎坷，历尽艰辛，所用的全部为技术分析，通过技术来衡量市场，进行严格的量化交易，只有技术分析才可做到完全的唯一的量化。"巴菲特派"能做到长赢稳赢是因为价值投资做的是确定性，价格必定向价值回归，无非是回归的时间长短和回归的幅度大小而已。技术分析初级阶段做的是概率性，通过各种 K 线组合、经典形态、技术指标、市场理论等分析出价格上涨或下跌的概率有多大。到了技术分析的高级阶段是做确定性，其实质就是做交易哲学，具体分析就是人性，也就是确定性，确定价格不会一直波澜不惊，最终会因为某些事件催化而向着某一个方向波动，波动后再归于平静，如此反复而已。我们无须时时刻刻去猜测市场，因为未来是无法精确预测的,有时猜对了只是运气不是能力,我们只需做一个市场的跟随者即可稳定盈利。

当然,跟随市场不是某一个技术或指标,它是一个严谨完整的交易体系,包含了进出场法则、资金管理法则、风险控制法则和心态管理法则。严格来说,交易做的是市场分析,它不仅包含了技术分析,还有对市场的本质、交易的本质、人性的本质的深层认知。价格或形态其实就是所有参与者情绪的共同表现,比如说价格波动的背后,长期来说看的是价值,短期来说看的是参与者的情绪,人性的贪婪和恐惧不停地引起价格的波动,不管是利空降温还是利多提振,牛市涨过头和熊市跌过头都要翻转,物极必反。历史是最好的老师,我们回看历史,哪一次的牛顶和熊底不是如此?人性使然,古今中外概莫能外。技术分析从初级阶段到高级阶段就是从不断地做加法再到不断地做减法的过程,最后做到"减无可减,又简无可简",大浪淘沙始剩金的时候,那么恭喜您了,您的交易体系已经形成,您已经入了投机之门,可以扬帆进入股海了。

技术分析有效的根基就是历史会重演,历史会重演的根基就是人性的亘古不变。人类的贪婪恐惧百年前有,现在也有,将来同样会有,如果哪一天人类没有了贪婪和恐惧,那么包含技术分析在内的所有分析都会失效。本系列图书主要讲的是技术分析初级阶段必须掌握的一些知识,本着历史是最好的老师,效仿世界经典图书中使用历史图表的惯例,书中的案例除了一些同花顺软件特殊功能和新开发功能之外,保留了一些历史经典图表和过往案例(有些公司可能不存在了),我们看的是图表形态中的本质与相互关系,这些形态每天都在重复上演。所以,本套丛书是基于人性,过去出现的现在和将来也会出现,这些历史图表经过了市场和时间的检验,大家可以在当下的市场中去检验和使用它们。

另外,读者想快速提高实战能力,就需要不断总结出价格波动规律和技术分析与复盘的技巧。本着"看图万篇,其意自现"的原则,我们只复盘K线图,而不要在意股票的名称、市场和时间等信息,不要"先入为主",只要是规律性的东西就没有时间、地域和市场的区分,它们有一致性、普适性。比如,道氏理论之所以是经典，就是因为它揭示了价格波动的普适性规律，难道它只在几十年前有效，现在无效吗？它只在美国有效，其他市场无效吗？它只在股市有效，在期货、黄金上无效吗？成功交易就是"简单规律、普遍适应"方法的反复使用，在做的过程中不断提炼总结出更加"简单普适"的体系，如此反复直到完美（虽说不可能完美，但一直走在通向完美的路上）。

本书作者

目 录
CONTENTS

微信扫码添加同花顺陪伴官小顺
获取更多图书增值服务

第一章

同花顺软件行情信息解析

第一节　怎样看懂同花顺软件分时图

同花顺软件的分时图信息量非常大，功能也非常多，我们分两个部分来讲：一个是基础功能，也是市面上大多数股票软件都有的基础功能，这个部分我们简单讲解一下；重点讲解第二个——同花顺软件特色功能，也是其他股票软件不具有的或做得没同花顺好的，这也是同花顺软件的优势之一。

笔者一直从事操盘实战，包括主观和量化，本书的讲解一切从实战出发，简单的东西，却可以讲出不简单的技术，写作风格本着简洁实用明了的原则，力图让读者一看就懂，学以致用。

我们从入门的知识开始，一步步地逐渐深入，以大量的图表来直观地进行讲解，每一个知识点都从实战的角度出发，使每一个工具都发挥出强大的威力，让同花顺软件成为我们征战股海的利器。

这里本人要重点阐述一个非常普遍的看法，就是很多做投资和交易的朋友认为要想获得好的交易业绩就必须有一个好的工具，如：好的指标、好的软件，等等。好的策略、指标、软件确实能让我们如虎添翼，但更重要的是提升自身内功的修为，这里的内功就是对资本市场、金融投资、价格波动、投机交易等的本质的认识。你对这些认识得越深，内功就越深，当你认识到这些投资交易的本质问题时，任何一个简单普通的工具，你都可以用它发挥出巨大的威力。比如很多交易高手只看收盘价格线，就可稳定盈利，比 K 线还简单，K 线还包括了四个价格：开盘价、最高价、最低价、收盘价。其实高手能盈利不是有什么超人的绝招之类的，而是有透过表象看到本质的功力，运用功力通过普通工具，比如收盘价格线来做到盈利。那怎样使自身的功力得到提高呢？其实就是大多数人忽视的基础，把基础打牢靠了，把每一个最基础最本质的知识点掌握了，自然就入了投机之门，知道了价格波动背后的本质。

言归正传，我们从最基础的知识开始激动人心的交易之旅吧，一图胜过万言。

图 1-1 是同花顺软件的分时图界面，图中所示的是我们每天看盘都要看到的基础信息，从 1 到 11 各个标注我们进行一一讲解：

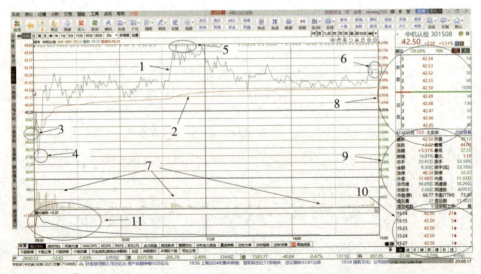

图 1-1

第 1 个标注是一分钟收盘价线，也就是分时曲线，它简化了价格因子，只使用收盘价，为什么要忽视最高价、最低价、开盘价三个价格因子呢？因为收盘价是四个价格因子中最重要的，它代表了一分钟之内买卖双方经过激烈博弈最终产生的价格。如果想看到最高价、最低价、开盘价，可以查看一分钟 K 线图。在《同花顺盘口技法实战精要》这本书里有精彩的讲解，还有更细致的分笔成交图，也就是 tick 数据图。关注利用 tick 数据主要是以高频交易为主，在以后的文章中再给大家做详细讲解，这里以分时图讲解为主。

第 2 个标注是分时均价线，它是盘中每分钟成交量加权平均线。实战中的分析要领是上涨时分时均价线要紧随分时曲线，表示价涨量增，价量健康，价格的上涨是由大量买盘推动所致，其上涨将会延续；如上涨时分时均价线没有紧随分时曲线，它们之间的距离拉开得很大，表示价涨量缩，价格的上涨只是小量的买盘所致，形成价量背离，其含义是主力已经控盘或主力志不在此虚晃一枪，诱多而已，其细节在下面的章节中会讲到。在实战操盘中需要牢记：放量是对趋势的肯定，缩量是对趋势的否定。不论涨跌，原理都是如此，分析下跌趋势和上涨的原理一样，只是反过来分析而已。关于价量分析在《同花顺量价分析实战精要》一书中有详细讲解，在此不赘述了。

第 3 个标注是每天的开盘价，它表示了投资人经过了隔夜的分析（或消息面的影响）后对当天的价格的偏好度：看好则高开；看空则低开；看平则平开。它在实战中的意义是具有一定的支撑和压力作用，但其支撑和压力作用比昨收盘线稍稍逊色一些。

第 4 个标注是当天的最低价，它代表了当天做空的力量。最低价离跌停板价越近，表示做空的力量越大，比如最低价就是跌停板价，表示空头完胜；如果当天最低价就是开盘价，表示做空力量很弱。

第 5 个标注是当天的最高价，它代表了当天做多的力量，最高价离涨停板价越近，表示做多的力量越大，比如最高价就是涨停板价，表示多头完胜，如果当天最高价就是开盘价，表示做多力量很弱。

最低价和最高价需要结合起来分析，多空力量是不断变化的，此消彼长，否极泰来，我们可以通过上影线和下影线的长度来研判多空力量的对比，其细节在下面的章节中细讲，这里大家只需了解最高价和最低价的含义即可。

第6个标注是当天的收盘价，它是一天中最重要的价格，表示经过一天的多空激烈争夺，最终形成的价格。收盘价也是很多技术指标和量化交易中最重要的一个价格因子，更多的细节在下文中讲解。

第7个标注是当天每分钟的成交量柱状线，其分析原理上文中讲过，把握一个价量分析的核心原则："放量是对趋势的肯定，缩量是对趋势的否定。"

第8个标注是当天的买卖盘口，一般只看五档即可。当然，缴费看更多的买卖盘挂单也可以，但笔者只看五档，原理很简单，个人投资者以跟随主力资金为主，主力资金和市场博弈的原则是引导散户或关注散户所关注的，再在其里面做文章。比如绝大部分散户都只看买卖五档，主力就会在买卖五档上做文章，做表演，如果在五档之外做文章，即使表演得再精彩，也没有散户看，所以看主力之所看即可。盘中是主力和市场交流的窗口，也是把握主力动向的核心窗口，不是笔者卖关子，确实篇幅所限，其技术和细节在《同花顺盘口技法实战精要》一书中有讲解。

第9个标注是当天盘中交易的一些实时指标，如最新价、涨幅、振幅、总手、现手、金额、最高、最低、开盘、量比、涨停板价、跌停板价、内盘、外盘、换手率，等等。其细节不是一两个章节可以讲清楚的，哪怕是一本书也不能讲尽其含义，要知道盘口是交易的核心，同样一个盘口迹象，但在不同的价格阶段所表示出来的含义也不一样，不一样的盘口迹象，在同一价格阶段，可以有十几种表现，但万变不离其宗，都是主力和散户的博弈。故本丛书专门写了一本盘口的书，力求用图形加文字来表述清楚，留待读者自行阅读，书名《同花顺盘口技法实战精要》，未能透彻之处，只能用视频来讲解了，说比写要容易得多。

第 10 个标注是当天实时成交的单子，这里面学问很多，主力做盘的虚实和真假在这里可以得到验证，大家要用心关注实时成交单，在这里只是指明重点，细节在《同花顺盘口技法实战精要》一书中讲解。

第 11 个标注是量比曲线，它是当天盘中每分钟的成交量和之前连续五天的每分钟平均成交量的比值，量比指标直观地表达了量能的放大和缩小，是盘中需要关注的指标之一。

第二节　同花顺分时图之盘口语言

在第一节中我们讲过分时曲线中的看盘技巧，分时图中左边是价格曲线图，右边的窗口就是盘口，所有的价格都是由盘口产生的，所以说能否看懂盘口是决定短线操盘技术高低的重要因素。盘口中除了关注实时买卖盘挂单、填单、撤单、成交明细单之外，还有四个核心的价格指标，它们是现价、今开、最高价和最低价，由于上节中对最高价、最低价有简要的说明，在这里补充并重点讲解一下它们在实战中的运用技巧，

现价、今开、最高价和最低价这四个价格指标在实战中具有重要作用，它们提供了丰富的信息，有助于投资者更准确地把握市场动态和趋势。下面我们用实战讲解这些指标的运用技巧。

现价运用技巧：

关注现价与均价线的位置关系。当现价在均价线上方运行时，表明市场处于强势阶段，可考虑持股或逢低买入；反之，当现价在均价线下方运行时，表明市场处于弱势阶段，投资者应保持谨慎，注意风险控制。

观察现价与前期高点的关系。如果现价能够成功突破前期高点，并伴随成交量放大，那么这可能是一个买入信号；反之，如果现价在前期高点附近受阻回落，那么投资者应警惕可能的回调风险。如图 1-2 所示。

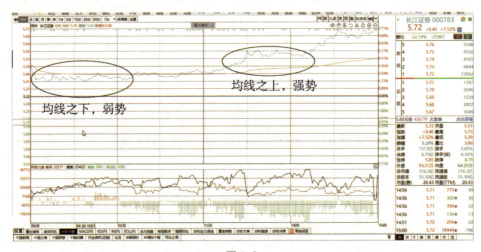

图 1-2

今开运用技巧：

分析今开与昨收的关系。如果今开高于昨收，表明市场多方力量较强，投资者可关注强势个股；如果今开低于昨收，表明市场空方力量较强，投资者应保持谨慎。

关注今开的波动情况。如果今开后出现快速拉升或下跌，可能意味着市场短期内将有较大波动，投资者应密切关注市场动态，及时作出应对。如图 1-3 所示。

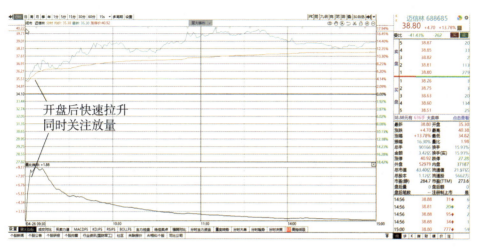

图 1-3

最高价运用技巧：

观察最高价与前期高点的关系。如果最高价能够突破前期高点，那么这可能意味着市场趋势将发生转变，投资者可关注相关个股的买入机会。

分析最高价与成交量的关系。如果最高价伴随成交量放大，那么这可能是一个有效的突破信号；反之，如果最高价出现缩量，那么投资者应警惕可能的假突破。如图 1-4 所示。

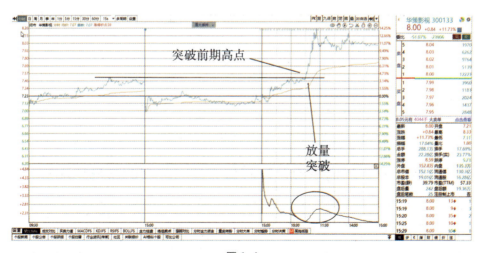

图 1-4

最低价运用技巧：

关注最低价与支撑位的关系。如果最低价能够守住重要支撑位，那么这可能表明市场下跌空间有限，投资者可考虑逢低买入；反之，如果最低价跌破重要支撑位，那么投资者应警惕进一步下跌的风险。

最低价与成交量的关系。如果最低价出现缩量，那么这可能是一个阶段性底部的信号；反之，如果最低价伴随成交量放大，那么投资者应关注可能的反弹机会。如图 1-5 所示。

图 1-5

第三节　盘口语言结合同花顺分时界面的特色功能

上节中讲了现价、今开、最高价和最低价，本节主要讲解利用这四项指标结合同花顺分时界面的特色功能进行综合运用，比如打开分时界面点击右上角的"简"，可盘中同时查看关注的个股的热点题材板块等信息，及时把握热点题材的操作。如图 1-6 所示。

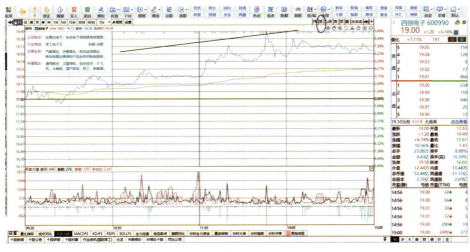

图 1-6

当我们挂单时，可关注挂单的上下档的比例，以免挂单失效，这时可点击分时界面右上角的"笼"，可及时把握挂单范围。如图 1-7 所示。

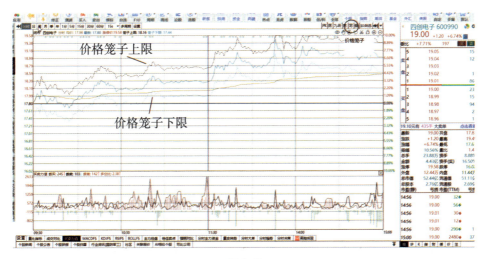

图 1-7

当选择强势股或我们关注的个股是否走强时，可打开右上角的"叠"，在分时界面叠加大盘或行业的走势图，这样是否走强就一目了然了，如图 1-8 所示。

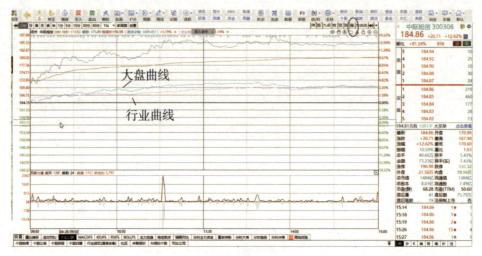

图 1-8

还有一个特色指标"分时九转"，它是由诺曼·芬恩发明的。这是一种技术分析工具，主要用于分析金融市场的价格走势。它的核心原理是基于金融市场里价格的技术变化，用九步连续步骤来反映价格走势图中的变动。这九个连续步骤因其形状而得名，即将价格走势图中的价格变动用"九"字形状绘制出来，具有较强的技术分析意义。

在实际应用中，分时九转指标可以帮助投资者观察价格的变动趋势，以及判断可能的买卖时机。例如，当价格连续九步上涨或下跌时，分时九转指标可能会产生相应的买入或卖出信号。如图 1-9 所示。

此外，这四个价格指标还可以结合其他技术指标如 MACD、RSI 等进行综合分析，以提高分析的准确性和有效性。同时，投资者在实际运用中还应结

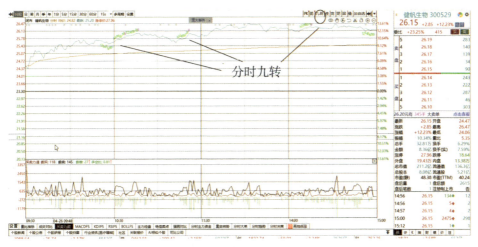

图 1-9

合市场走势、基本面信息等多方面因素进行综合考虑，以作出更合理的投资决策。

第四节　同花顺分时图各项指标的使用法则

在同花顺分时界面的右侧盘口信息中，有委比与委差、涨跌与涨幅、总量与量比、外盘与内盘，这些反映价格波动信息的指标，它们也都是由最基础最原始的现价、最高价、最低价、成交量等指标衍生出来的，也是分时图盘口分析中很重要的信息，下面一一对它们进行讲解。

委比指标和委差指标在实战使用中，主要作为辅助工具帮助投资者分析股票市场的买卖力量对比和价格走势。下面介绍这两个指标的具体使用方法。

委比指标的使用：

判断市场情绪。委比指标的正负值可以反映市场情绪。当委比值为正时，表示买盘力量较强，市场情绪偏乐观；当委比值为负时，表示卖盘力量较强，市场情绪偏悲观。通过观察委比指标的变化，投资者可以判断市场的整体情绪，为投资决策提供参考。

发现买入或卖出信号。当委比指标从负值转为正值时，可能意味着买方力量开始增强，是潜在的买入信号；而当委比指标从正值转为负值时，可能意味着卖方力量开始增强，是潜在的卖出信号。然而，这些信号需要结合其他技术指标和市场走势进行确认，不能单凭委比指标就作出买卖决策。

观察异常波动。委比指标的异常波动可能预示着市场即将发生较大变化。例如，委比值突然大幅上升或下降，可能意味着有大量资金进入或退出市场。投资者应密切关注这些异常波动，以便及时调整投资策略。

委差指标的使用：

分析买卖力量对比。委差指标表示的是买盘和卖盘之间的实际数量差。当委差值为正时，表示买盘力量较强；当委差值为负时，表示卖盘力量较强。通过观察委差指标的大小和变化，投资者可以更直观地了解买卖双方的力量对比情况。

结合其他指标判断趋势。委差指标可以作为辅助工具，与其他技术指标如K线、均线等结合使用，共同判断股票价格的走势。例如，当委差指标与K线形态和均线走势相互验证时，投资者可以更有信心地判断市场的趋势。

需要注意的是，委比指标和委差指标虽然具有一定的参考价值，但并不是万能的。在实际使用中，投资者需要结合市场走势、基本面分析和其他技术指标进行综合判断。同时，由于市场情况千变万化，投资者需要保持灵活的思维和敏锐的市场洞察力，以便及时应对各种市场变化。

在同花顺分时界面中点击"买卖力道"就出现了委买委卖分时指标,其中,委买手数指现在个股委托买入价格五档的总数量,委卖手数指现在个股委托卖出价格五档的总数量。如图1-10所示,圈中的买卖力道即为委买委卖指标。

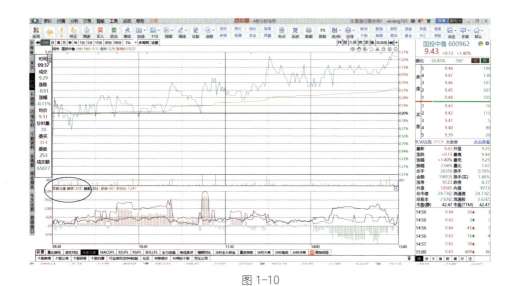

图 1-10

以上大致介绍了买卖力道委买委卖指标的常规使用技巧,下面详细讲解一下其在实战中具体妙用,现举例如下:

因分时指标数据量巨大,没有保存当下的实时数据,所以使用以前保存的数据来说明,虽说时间久远了一些,但其实战含义不受影响,过去现在将来都可以使用且有效。例如:华业地产(600240),当年业绩爆发时在2015年2月9日收盘即时最高买入委托报价及委托量为买一9.44元、124手,向下四档分别为买二9.43元、1678手,买三9.42元、157手,买四9.41元、434手,买五9.40元、210手;最低卖出委托报价及委托量分别为买一9.35元、217手,向上四档分别为卖二9.36元、129手,卖三9.37元、57手,卖四9.38元、81手,卖五9.39元、222手,则此时的即时委比为-57.52%。显然,此时场内抛压较大。如图 1-11 所示，结合盘面分析，该股很可能正在压盘震仓，一旦量能萎缩，浮筹得到有效清洗，待大盘企稳后，该股将步入拉升。如图 1-12 所示。

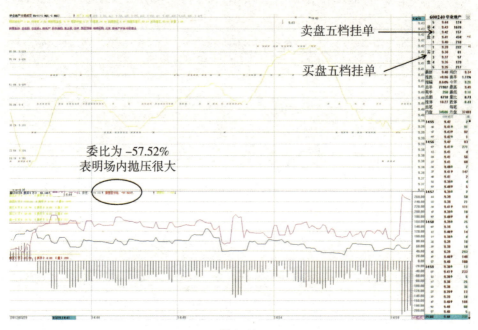

卖盘五档挂单

买盘五档挂单

委比为 -57.52%
表明场内抛压很大

图 1-11

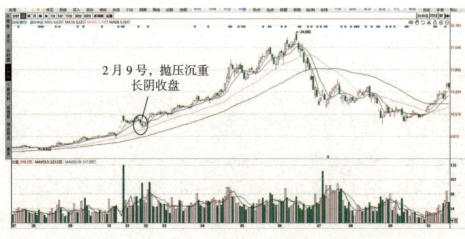

2月9号，抛压沉重
长阴收盘

图 1-12

通过委比指标，投资者可以及时了解场内的即时买卖盘强弱情况。

委比值变化范围为 +100%至 –100%。当委比值为正值并且委比数大，说明市场买盘强劲；反之，当委比值为负值并且负值大，说明市场抛盘较强。

委比从 –100%至 +100%，说明这是买盘逐渐增强、卖盘逐渐减弱的一个过程；相反，从 +100%至 –100%，说明这是买盘逐渐减弱、卖盘逐渐增强的一个过程。

交易报价中委买委卖是排在最前的买卖盘的提示，现在大家能够看到的是队列的前五位，即买 1—买 5，卖 1—卖 5。它是未成交的价和量，某种程度上讲，委买委卖的差值（即委差），是投资者意愿的体现，一定程度上反映了价格的发展方向。委差为正，价格上升的可能性就大；反之，下降的可能性大。之所以加上"某种程度上"，是因为还有人为干扰的因素，比如主力制造的假象等。但是，对于市场中所有股票比如大盘的委买委卖值的差值之总和，却是一个不容易被任何人干扰的数值。它是一个相对真实的数据。因为任何一个单独的主力都不能影响它，散户更加不能。大盘的买卖力道指标，如图 1–13 所示。

图 1–13

它是所有主力和散户的综合反映，能反映市场真实的买卖意愿。我们根据这个委差数据，可以判断大盘的短期方向以及大盘是否转折。数值为正，表明买盘踊跃，大盘上升的可能性大；反之，说明卖盘较多，下跌的可能性则较大。道理清楚了，还需根据具体的情况作具体分析。比如说，有时指数的委差居高不下，但是指数却下滑。这种情况说明接盘的量很大，且是有计划的。而卖盘的力量，是主动抛出，有可能是散户的行为，这种情况并不是很危险。相反，倒有一种较危险的情况，那就是指数上升而委差却总是大大的负数，这时，我们是不是该怀疑主力在有计划出货呢？反之，指数在下降而委差却总是大大的正数，是不是提示我们主力正在暗中压盘吸货呢？

涨幅和跌幅在实战分析中扮演着不同的角色，笔者把在同花顺软件中运用涨幅和跌幅排序来看盘和操作的技巧说明如下：

利用当天涨幅和跌幅对比观察市场强弱

利用当天涨幅和跌幅对比观察市场强弱是股市分析中的一种重要方法。在同花顺软件中，可以方便地查看个股以及整个市场的涨幅和跌幅情况，从而判断市场的整体表现以及不同板块和个股之间的强弱对比。

首先，通过观察市场整体指数的涨幅和跌幅，可以初步判断市场的整体强弱。如果市场整体指数呈现较大的涨幅，而跌幅相对较小，那么通常意味着市场整体处于强势状态，投资者情绪较为积极，市场机会较多。相反，如果整体指数跌幅较大而涨幅较小，则可能表明市场处于弱势状态，投资者需谨慎对待。

其次，通过对比不同板块之间的涨幅和跌幅，可以判断哪些板块表现强势，哪些板块表现弱势。在某一时间段内，如果某一板块的整体涨幅明显高于其他板块，且跌幅较小，那么该板块可能处于强势状态，值得关注。相反，如果某一板块的跌幅较大而涨幅较小，则可能表明该板块处于弱势状态，投资者需保持警惕。

此外，还可以将个股的涨幅和跌幅与大盘指数或所属板块的涨幅和跌幅进行对比。如果个股的涨幅明显高于大盘或所属板块，那么该个股可能具有较强的上涨动力，是市场中的强势股。相反，如果个股的跌幅大于大盘或所属板块，则可能表明该个股表现较弱，投资者需谨慎考虑是否持有或买入。

利用涨幅和跌幅的背离来研判"二八"行情

首先介绍涨幅和跌幅的背离是什么含义：如果大盘涨了，但上涨的个股明显少于下跌的个股，说明了大盘的上涨是由大盘蓝筹等权重股上涨所致，我们称之为"正背离"；反之，如果大盘跌了，但下跌的个股明显少于上涨的个股，说明了大盘的下跌是由大盘蓝筹等权重股下跌所致，我们称之为"反背离"。

"二八行情"是股市中的一种特殊表现形态，主要指的是市场中仅有少数股票（通常被称为大盘蓝筹股或指标股）表现强势，持续上涨，而大部分股票（被称为中小微盘股，包括中小盘股和创业板股等）则表现相对较弱，甚至持续下跌的现象。这种行情反映了市场资金的集中和关注度向少数优质股票倾斜的趋势。

出现涨幅和跌幅背离的信息很重要，它让我们在"二八"行情中避免踩错方向而导致的操作失误。比如，当行情出现"正背离"时，我们可买进权重大盘蓝筹股，而出现"反背离"行情时我们可操作中小微等小盘股，这样即使踏对节奏，不至于涨了指数却亏了钱。

总量和量比是股市分析中两个重要的概念，它们各自具有不同的含义和用途，主要区别如下：

总量是一个相对宽泛的概念，它通常指的是某一事物或现象的全部数量或规模。在股市中，总量可以指代总的成交量，即某一时段内所有买入和卖出的股票数量的总和。这一概念提供了关于市场活跃度和交易规模的信息，有助于投资者了解市场的整体情况。

而量比则是一种技术分析工具，是一个更为具体的指标，用于衡量某个交易日的成交量与过去一段时间内平均成交量之间的比例关系。它表示的是股市开市后平均每分钟的成交量与过去 5 个交易日平均每分钟成交量之比。

我们知道，量比指标是依据即时每分钟平均成交量与之前连续 5 天每分钟平均成交量的比较得出的，而不是随意抽取某一天的成交量作为比较，因此能够客观真实地反映盘口成交异动及其力度。当量比指标大于 1 时，表示当日成交量较过去一段时间平均成交量较大，市场交投活跃；当量比指标小于 1 时，表示当日成交量较过去一段时间平均成交量较小，市场交投相对较弱。

量比指标的使用有多种方式。例如，当量比指标较高时，表示买方力量较强，市场可能处于上涨趋势；当量比指标较低时，表示卖方力量较强，市场可能处于下跌趋势。此外，量比指标还可以用来确认价格趋势的可持续性。

通常，量比指标是一个非常重要的市场分析工具，尤其适用于短线操作。

总的来说，总量和量比都是反映股市交易情况的重要指标，但它们的关注点和应用场景有所不同。总量更注重市场整体规模和交易量的总和，而量比则更注重当前交易量与过去交易量的对比关系。投资者可以根据需要灵活运用这两个指标，以更全面地了解市场动态并作出更明智的投资决策。

举个例子来说明总量与量比的区别：

假设我们关注某只股票在一段时间内的交易情况。

首先，总量可以指的是这段时间内该股票的总成交量。比如，过去一个月该股票的成交总量为 1 亿股。这个总量反映了该股票在这段时间内的整体交易规模，为投资者提供了关于市场对该股票的兴趣和活跃度的信息。

而量比则是一个动态变化的指标，用于衡量当前交易量与过去一段时间内的平均交易量的相对关系。例如，某一天的成交量为 1000 万股，而过去 5 个交易日平均每分钟成交量为 200 万股 / 分钟。那么，该日的量比就是（1000 万 / 当日开市分钟数）/200 万，这个计算结果会告诉我们当前交易活跃度是高于还是低于过去 5 日的平均水平。如果量比高，说明当前交易相对活跃；如果量比低，则说明交易相对冷清。

通过总量和量比的结合使用，投资者可以更全面地了解股票的交易情况。总量提供了整体规模的信息，而量比则可以帮助投资者判断市场短期的交易活跃度和可能的变化趋势。这样的信息有助于投资者作出更明智的投资决策。

外盘与内盘在实战中的使用

首先介绍什么叫内盘和外盘，简单地说外盘就是买盘，内盘就是卖盘，它们可以衡量当天买卖双方力量的强弱。具体来说：外盘是在成交量中以主动性叫买价格成交的数量，所谓主动性叫买，就是在实盘买卖中，买方主动以高于或等于当前卖一的价格挂单买入股票时成交的数量，显示多方的总体实力。内盘是在成交量中以主动性叫卖价格成交的数量，所谓主动性叫卖，就是在实盘买卖中，卖方主动以低于或等于当前买一的价格挂单卖出股票时成交的数量，显示空方的总体实力。

内盘和外盘是盘口分时技术中比较容易受操纵的指标之一，主力经常利用买盘和卖盘来迷惑市场，是一种常见的股市操纵手段。他们通过控制交易行为，制造虚假的买卖信号，从而误导其他投资者的判断，达到自己获利的目的。

例如，他们可以在股价上涨时大量挂出卖单，制造股价即将下跌的假象，诱使散户投资者恐慌性抛售，从而主力得以低价买入更多的筹码。相反，当股价下跌时，主力可能会大量挂出买单，制造股价即将反弹的假象，吸引散户投资者跟风买入，然后主力在高位悄悄出货。

此外，主力还可以通过控制买卖盘的数量和比例，制造虚假的市场氛围。例如，当主力想要拉升股价时，他们可能会用大买单推动股价上涨，同时用小卖单维持一定的卖出压力，使散户投资者误以为市场存在分歧，不敢轻易追高。而当主力想要出货时，他们可能会用大卖单打压股价，同时用小买单维持一定的买入支撑，使散户投资者误以为股价还有反弹的可能，从而错失逃顶的机会。

为了应对主力的迷惑行为，投资者需要保持冷静和理性，不要被表面的买盘和卖盘信息所迷惑。应该结合涨跌幅、委比、量比等多方面信息，作出客观的投资决策。同时，投资者还需要注意控制市场风险，避免盲目跟风和追涨杀跌。

笔者在实盘中也常常关注内盘外盘指标，但和常规用法不一样，而是反着用。具体来说就是：当卖盘大于买盘而股价却上涨时，密切关注；一旦盘中出现委比、量比等分时指标异动时进场买进；当卖盘小于买盘，股价却下跌时卖出股票。

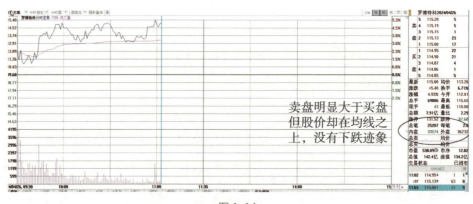

图 1-14

如图 1-14 所示，主力盘中诱空，利用买卖盘引导散户看空，自己却暗中强势吸筹，充分利用了买卖盘指标的编制原理，利用时间差作出卖出力道强于买进力道的假象，以此诱导市场。故而，我们需要常常保持逆向思维，反向操作，当买卖盘出现正向迹象时反向看空，而当买卖盘不好看时却可以反向做多。

再举一个反向例子，如图 1-15 所示。

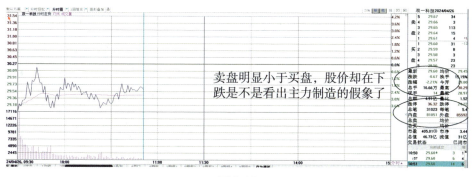

图 1-15

总结一下，有如下几点：

1. 下有托板，而出现大量隐形内盘，为主力出货迹象。

2. 上有盖板，而出现大量隐形外盘，股价不跌，为大幅上涨的先兆。

3. 外盘大于内盘，股价仍上升，看高一线。

4. 内盘大于外盘，股价不跌或反有微升，可能有主力进场。

5. 外盘大于内盘，股价不上涨，警惕主力出货。

6. 内外盘都较小，股价轻微上涨，是主力锁定筹码。轻轻托着股价上走的时候。

7. 内盘大于外盘，价跌量增，连续第二天，是最后一次出货的机会。

第五节 同花顺分时图特色功能之深度资金分析

如图 1-16 所示：箭头所示为同花顺特色页面开关。点击它会出现深度资金分析页面，其中主力流入要大于主力流出，其差值越大越好。主力持仓成本属于收费栏目，但其技术原理是统计当天特大买单、大买单和中买单的成交量

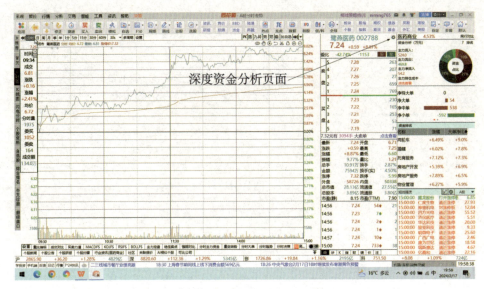

图 1-16

加权平均价为主力成本均价。我们在实战中可直接付费获取主力成本，也可根据特大、大、中买单来自行编制主力成本指标，具体可在《同花顺盘口技法实战精要》一书中学习。

主力成本指标的核心是怎样定义特大、大、中买单，可按照同花顺中对大买单的定义来做，或自己定义大买单。

以成交量定义，特大买单为单笔主动买单大于等于 10 万股；大买单为单笔主动买单大于等于 5 万股；中买单为单笔主动买单大于等于 3 万股。

以成交金额定义，特大买单为单笔主动买单大于等于 500 万元；大买单为单笔主动买单大于等于 300 万元；中买单为单笔主动买单大于等于 150 万元。

以换手率来定义，特大买单为单笔主动买单换手率大于等于 1%；大买单为单笔主动买单换手率大于等于 0.4%；中买单为单笔主动买单换手率大于等于 0.2%。

注意，以上参数数值不是绝对的，而要根据行情活跃度不同而随时调整。

比如，在震荡市中，以近 10 年间沪市举例，市场每天成交均额在 3000 亿—5000 亿之间，其大单换手可定义在 0.3%；成交均额在 5000 亿—8000 亿之间，其大单换手可定义在 0.4%；成交均额在 8000 亿以上，其大单换手可定义在 0.5%；如成交均额在 2000 亿以下，表示市场热度很低，不适合操作，可耐心等待机会。其他大单的定义可依此类推，在此不赘述。

第六节　同花顺分时图特色功能之捕捉盘面热点

同花顺分时图特色功能：捕捉盘面热点，如图 1-17 所示。

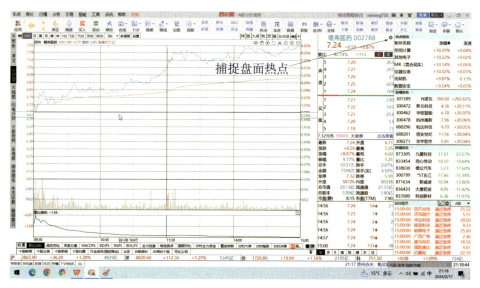

图 1-17

　　图中箭头所示为同花顺特色页面开关，点击它会出现捕捉盘面热点页面，分为三个部分：上面是当天板块涨跌排名，对当天资金流入流出哪些热门板块一目了然；中间是当天所有 A 股的异动排名，包括涨跌幅排名，成交金额排名，五分钟涨跌幅排名，量比排名等，我们对当天市场关注的个股出现的一些异动都可以随时进行了解；下面是短线精灵，它指示了盘中出现大单、突然拉升打压、撤单填单等一些异动，是我们捕捉盘中短线异动个股的利器，但是有个不利之处就在于盘中变动频率太快，以至于机会稍纵即逝，跟不上操作。所幸同花顺已经为我们考虑到了，专门为短线精灵设置了预警功能，虽说其他股票软件也有类似的预警功能，但同花顺还是有他的独到之处，待笔者一一道来。

　　笔者在多年实操中使用同花顺软件的指标编辑功能专门开发了一套盘中监控主力异动的预警系统，可将当天盘中主力的所有异动行为一网打尽，相当于监管机构的监控系统。该系统分为指标部分和预警部分，监控系统的原理都是一样，指标部分主要是方便看盘，可以直观地看到哪些个股出现了怎样的异动，预警部分可以将盘中出现异动的个股输入到自选股或股票池，再使用自动交易功能进行自动化操作，避免因人工操作不及时而错失机会。

　　首先，我们介绍同花顺的预警功能在实战中运用，再介绍本人根据同花顺软件平台制作的预警监控系统，并公开其部分指标的源码，有编程基础的读者可自行编写使用。

　　同花顺的预警运用如图 1-18 所示。

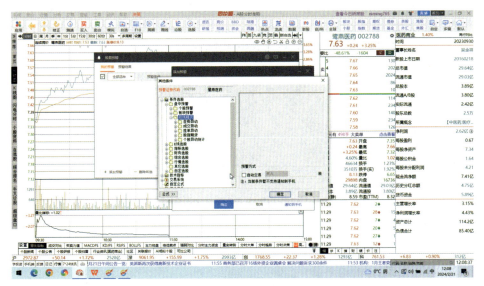

图 1-18

　　如上图，在同花顺软件中点击智能，再点击股票预警出现股票预警框后，再点击添加预警，出现添加预警框后，再点击其他条件、条件选股、盘中预警、短线精灵后出现五个选项。

　　在图 1-19 方框中便是走势异动、挂单异动、成交异动、股指期货、个股异动统计五个选项，我们一一打开选择短线交易策略对应的异动指标即可，笔者根据自己的短线策略选择如下，供大家参考，如图 1-20 所示。读者朋友们可根据自己的交易理念自行选择异动指标，再在自动交易处打钩，连上证券公司的委托交易系统就可自动交易了。

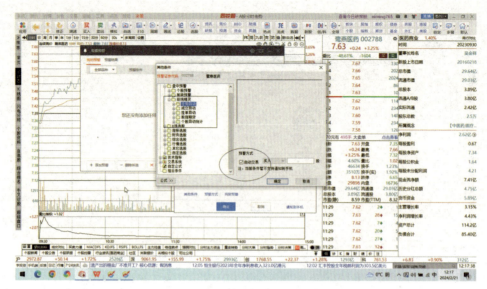

图 1-19

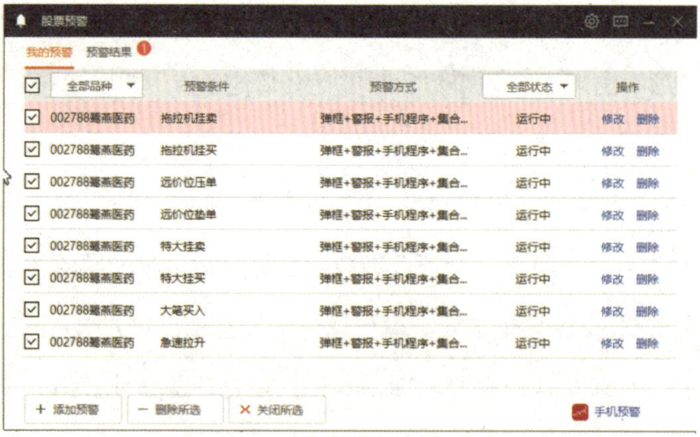

图 1-20

　　笔者基于同花顺软件自行编制的预警监控系统包含了以下指标，如图
1-21、图 1-22 所示。

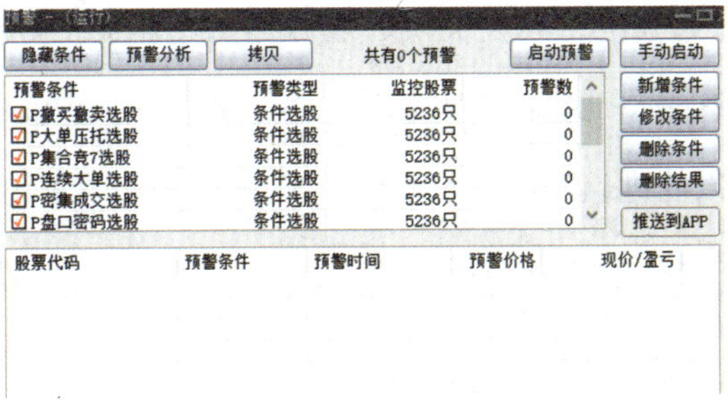

图 1-21

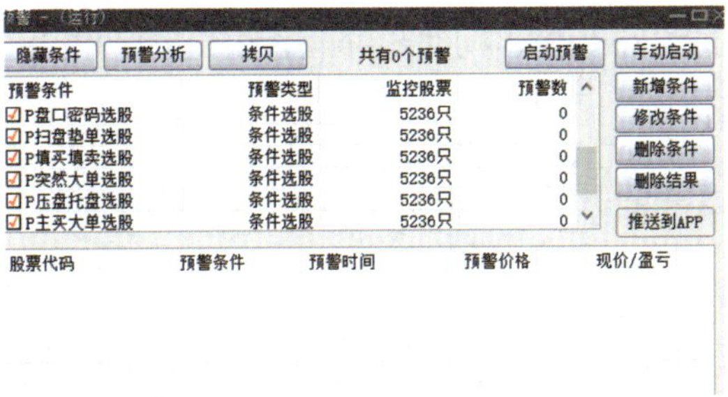

图 1-22

其指标部分选取突然大单、涨停封单、主买大单三个举例说明,如图 1-23、图 1-24、图 1-25 所示。

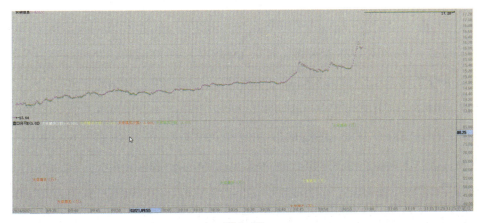

图 1-23

图 1-23 为主买大单，其含义是通过分笔成交捕捉主力在建仓或拉升时的主动性大买单，有时出现绿色的大卖单，我们要仔细关注盘口买卖挂单和下面的实时成交单，以便确认到底是主力的假卖单障眼法或主力打压下的市场真实抛单，一般在个股涨停或大幅拉升之前的几天或当天都会出现一些主买大单。其源码如下：

```
input:n(0.1,0,1,1);
ww1:=BIDVOL(1)>=1 and BIDVOL(2)>=1 and BIDVOL(3)>=1 and BIDVOL(4)>=1
and BIDVOL(5)>=1;
ww2:=ASKVOL(1)>=1 and ASKVOL(2)>=1 and ASKVOL(3)>=1 and ASKVOL(4)>=1
and ASKVOL(5)>=1;
aa:=ref(BIDPRICE(1)+BIDPRICE(2)+BIDPRICE(3)+BIDPRICE(4)+BIDPRICE(5),1)<
=(BIDPRICE(1)+BIDPRICE(2)+BIDPRICE(3)+BIDPRICE(4)+BIDPRICE(5)) and ref(
ASKPRICE(1)+ASKPRICE(2)+ASKPRICE(3)+ASKPRICE(4)+ASKPRICE(5),1)<(AS
KPRICE(1)+ASKPRICE(2)+ASKPRICE(3)+ASKPRICE(4)+ASKPRICE(5));
bb:=ref(BIDPRICE(1)+BIDPRICE(2)+BIDPRICE(3)+BIDPRICE(4)+BIDPRICE(5),1)>
(BIDPRICE(1)+BIDPRICE(2)+BIDPRICE(3)+BIDPRICE(4)+BIDPRICE(5)) and ref(A
SKPRICE(1)+ASKPRICE(2)+ASKPRICE(3)+ASKPRICE(4)+ASKPRICE(5),1)>=(ASK
PRICE(1)+ASKPRICE(2)+ASKPRICE(3)+ASKPRICE(4)+ASKPRICE(5));
a1:=ref(BIDPRICE(1)+BIDPRICE(2)+BIDPRICE(3)+BIDPRICE(4)+BIDPRICE(5),1)/
(BIDPRICE(1)+BIDPRICE(2)+BIDPRICE(3)+BIDPRICE(4)+BIDPRICE(5))=ref(ASK
PRICE(1)+ASKPRICE(2)+ASKPRICE(3)+ASKPRICE(4)+ASKPRICE(5),1)/(ASKPRI
CE(1)+ASKPRICE(2)+ASKPRICE(3)+ASKPRICE(4)+ASKPRICE(5));
a2:=ref(BIDVOL(1)+BIDVOL(2)+BIDVOL(3)+BIDVOL(4)+BIDVOL(5),1)/(BIDVOL(1)
+BIDVOL(2)+BIDVOL(3)+BIDVOL(4)+BIDVOL(5));
```

a3:=ref(ASKVOL(1)+ASKVOL(2)+ASKVOL(3)+ASKVOL(4)+ASKVOL(5),1)/(ASKVO

L(1)+ASKVOL(2)+ASKVOL(3)+ASKVOL(4)+ASKVOL(5));

大单 :=v/capital*100>=n;

买单 :=if((aa or a1 and a2<a3) and ww1 and ww2,v,0);

主买 1:= 买单 and 大单 ;

主买 :count(主买 1,0),linethick0;

主买大单占量比 :sum(if(主买 1,v,0),0)/sum(v,0)*100,linethick0;

主买大单笔数比 :count(if(主买 1,v,0),0)/count(v,0)*100,linethick0;

DRAWTEXT(主买 1,v*c/100,' 主买（万）');

卖单 :=if((bb or a1 and a2>a3) and ww1 and ww2,v,0);

主卖 1:= 卖单 and 大单 ;

主卖 :count(主卖 1,0),COLORFFFFFF,linethick0;

主卖大单占量比 :sum(if(主卖 1,v,0),0)/sum(v,0)*100,COLORYELLOW,linethick0;

主卖大单笔数比 :count(if(主卖 1,v,0),0)/count(v,0)*100,linethick0;

DRAWTEXT(主卖 1,v*c/100,' 主卖（万）');

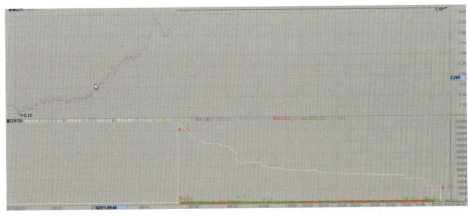

图 1-24

　　图 1-24 是涨停封单，当下流行打板技术，打板最核心的就是涨停板有没有持续性，我们可以通过主力在涨停板处的封单比例、封单金额、停板处填单撤单情况、填单撤单比例、填单撤单先后等细节捕捉到主力或游资的真实意图。其源码如下：

涨停封单 :=if(ASKVOL(1)<0.01 and ASKVOL(2)<0.01,BIDVOL(1),0);

跌停封单 :=if(BIDVOL(1)<0.01 and BIDVOL(2)<0.01,ASKVOL(1),0);

停板封单（亿）:if(涨停封单 , 涨停封单 *c/1000000, 跌停封单 *c/1000000),PRECIS3,COLORWHITE,linethick0;

停 板 封 单（万）:if(涨 停 封 单 , 涨 停 封 单 *c/100, 跌 停 封 单 *c/100),COLORWHITE;

涨停撤单 :=if(涨停封单 and (ref(涨停封单 ,1)−v)> 涨停封单 ,ref(涨停封单 ,1)−v− 涨停封单 ,0);

涨停填单 :=if(涨停封单 and (涨停封单 −v)>ref(涨停封单 ,1), 涨停封单 −v−ref(涨停封单 ,1),0);

DRAWTEXT(涨停撤单 , 涨停撤单 *c/100,' 撤（万）'),COLORGREEN ;

DRAWTEXT(涨停填单 , 涨停填单 *c/100,' 填（万）'),COLORRED;

跌停撤单 :=if(跌停封单 and (ref(跌停封单 ,1)−v)> 跌停封单 ,ref(跌停封单 ,1)−v− 跌停封单 ,0);

跌停填单 :=if(跌停封单 and (跌停封单 −v)>ref(跌停封单 ,1), 跌停封单 −v−ref(跌停封单 ,1),0);

DRAWTEXT(跌停撤单 , 跌停撤单 *c/100,' 撤（万）'),COLORGREEN ;

DRAWTEXT(跌停填单 , 跌停填单 *c/100,' 填（万）'),COLORRED;

停板撤单 :=if(涨停撤单 , 涨停撤单 , 跌停撤单);

停板填单 :=if(涨停填单 , 涨停填单 , 跌停填单);

停板封单（手）:=if(涨停封单 , 涨停封单 , 跌停封单);

填单占板比 :sum(停板填单 / 停板封单（手）*100,0),COLORWHITE,linethick0;

撤单占板比 :sum(停板撤单 / 停板封单（手）*100,0),COLORYELLOW,linethick0;

填单占量比 :sum(停板填单 /sum(v,0)*100,0),COLORMAGENTA,linethick0;

撤单占量比 :sum(停板撤单 /sum(v,0)*100,0),COLORCYAN,linethick0;

填单占盘比 :sum(停板填单 /capital*100,0),COLORRED,linethick0;

撤单占盘比 :sum(停板撤单 /capital*100,0),COLORGREEN,linethick0;

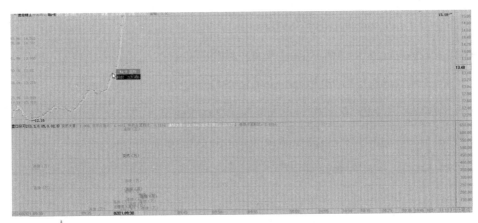

图 1-25

图 1-25 是突然大单，其含义是，当主力拉升时会出现突然的放量大单打到涨停，或拉升途中遇到大的卖盘时也会进行大单一口怒吃，突然大单的出现不仅反映出主力拉升的决心，也把主力的凶悍表露无遗，出现突然大单时可重点关注，同时也要结合其他技术综合研判。前文也说过，交易是个系统工程，没有捷径没有绝招，想通过一招躺赢只是妄想，即使赢了也是运气使然。只有通过不懈地学习和悟道才可融会贯通，分清运气和能力，通过实力技术才可实现长赢稳赢，成为 10% 的赢家。

其源码如下：

input:n1(0.3,0,1,1),n2(0.05,0,0.1,1),m1(0.02,0,0.1,1),m2(3,1,10,1)，v1(100,0,999999,1),v2(200,0,999999,1),v3(300,0,999999,1),v4(500,0,999999,1),v5(800,0,999999,1),v6(1000,0,999999,1)，e1(30000,0,10000000,1),e2(60000,0,10000000,1),e3(120000,0,10000000,1),e4(240000,0,10000000,1),e5(480000,0,10000000,1),e6(960000,0,10000000,1);

突然 :=v/capital*100>=n1 or (sum(v,2)/capital*100>=n1 and v/capital*100>=n2);

突然 :=(v*c>=e1 and capital<=500000) or

(v*c>=e2 and capital<=500000) and capital<=1000000) or

(v*c>=e3 and capital>1000000 and capital<=5000000) or

(v*c>=e4 and capital>5000000 and capital<=10000000) or

(v*c>=e5 and capital>10000000 and capital<=50000000) or

(v*c>=e6 and capital>50000000)

突然大单 :count(突然 ,0),linethick0;

突然占量比 :sum(if(突然 ,v,0),0)/sum(v,0)*100,linethick0;

突然占笔数比 :count(if(突然 ,v,0),0)/count(v,0)*100,linethick0;

DRAWTEXT(突然 ,v/capital*100,' 突然（换手）');

连续 :=(count(v/capital*100>=m1,m2)=m2 and capital<=500000) or

(count(v/capital*100>=m1,m2)=m2 and capital>500000 and capital<=1000000) or

(count(v/capital*100>=m1,m2)=m2 and capital>1000000 and capital<=5000000) or

(count(v/capital*100>=m1,m2)=m2 and capital>5000000 and capital<=10000000) or

(count(v/capital*100>=m1,m2)=m2 and capital>10000000 and capital<=50000000) or

(count(v/capital*100>=m1,m2)=m2 and capital>50000000);

连续 :=(count(v>=v1,m2)=m2 and capital<=500000) or

(count(v>=v2,m2)=m2 and capital>500000 and capital<=1000000) or

(count(v>=v3,m2)=m2 and capital>1000000 and capital<=5000000) or

(count(v>=v4,m2)=m2 and capital>5000000 and capital<=10000000) or

(count(v>=v5,m2)=m2 and capital>10000000 and capital<=50000000) or

(count(v>=v6,m2)=m2 and capital>50000000);

连续大单 :count(连续 ,0),COLORFFFFFF,linethick0;

连续占量比 :sum(if(连续 ,v,0),0)/sum(v,0)*100,COLORYELLOW,linethick0;

连续占笔数比 :count(if(连续 ,v,0),0)/count(v,0)*100,linethick0;

DRAWTEXT(连续 ,sum(v/capital*100,3),' 连续（换手）');

　　以上只是举例，切勿在没完全理解的情况下盲目抄作业，盘口是一门非常专业的技术，更多细节在《同花顺盘口技法实战精要》里讲解。

第七节　同花顺分时图特色功能之 AI 大数据看盘

同花顺分时图特色功能：AI 大数据看盘，如图 1–26 所示：

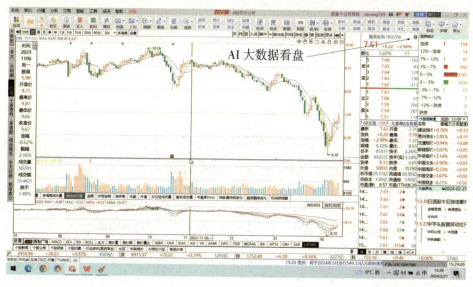

图 1–26

同花顺的 AI 大数据由图中最右侧的全 A 股涨跌统计、个股贡献度、板块异动三个部分组成。其看盘的含义是通过当天全部 A 股的涨跌幅度的对比研判出当时大盘的强弱，实战中当上涨个股比例明显大于下跌个股比例时或涨停板家数明显大于跌停板家数时可关注板块的短期异动，再结合异动个股的短期贡献度，如 3 分钟的涨跌幅，观察是否属于同一板块。我们不希望"一枝独秀"，而希望看到的是"群起而攻之"，热点以板块的形式发展，这样对大盘的带动和持续力会长一些。笔者的操作程序是：先看大盘，再看板块，最后看个股。

具体操作原则如下：

在涨跌统计里上涨对下跌比例为 2：1，涨停对跌停比例为 5：1，再观察异动板块，如板块里的个股"群起而攻之"则选板块里放量领涨的个股，优选"龙一"，如"龙一"涨停则次选"龙二龙三"，此时仓位比例 1/3；

如上涨对下跌比例为 3：1，涨停对跌停比例为 10：1，仓位比例 1/2；

如上涨对下跌比例为 4：1 或以上，涨停对跌停比例为 30：1 或以上，则重仓或满仓。

以上原则不是绝对的，可以根据读者自身的情况做些修改，但操盘原则不变，风险永远第一，在看不懂或大盘不好的情况下，以基础比例为准，上涨对下跌比例小于 1：1，则放弃操作，二八行情时除外。宁可错失机会，也不可火中取栗，大丈夫不立危墙之下，投机交易也是如此，只赚看得懂的钱，能力范围外的钱留给别人赚。怎样研判二八行情在《同花顺技术分析实战精要》里讲解，此处不赘述。

第八节　同花顺分时图特色功能之涨停基因分析

同花顺分时图特色功能：涨停基因分析，如图 1-27 所示。

在图 1-27 中，最右侧涨停基因的含义是通过同花顺自带大数据分析得出的某段时间内个股的交易活跃度，也就是股性评分，交投越活跃，评分越高，我们做短线可选择评分在 40 分以上的，股性活，震荡幅度大。

图 1-27

在中间栏的涨停后的表现和一年内涨停的次数及分析也是打板操作必看的选项，结合前文的捕捉盘面热点分析，以确定涨停后续的概率。在同花顺个股行情页面也有涨停分析页面，如图 1-28 所示：图中圆圈处有涨停分析的各个方面的指标，基本涵盖了涨停要素的各个条件。

为了方便读者朋友们操盘，笔者将自己在实战操作中选择曾经涨停过 N 次的股票的源码公布在图下方，作为对同花顺"打板"的补充，我们可以使用同花顺软件功能强大的公式编辑器，在公式管理中可自行编写。

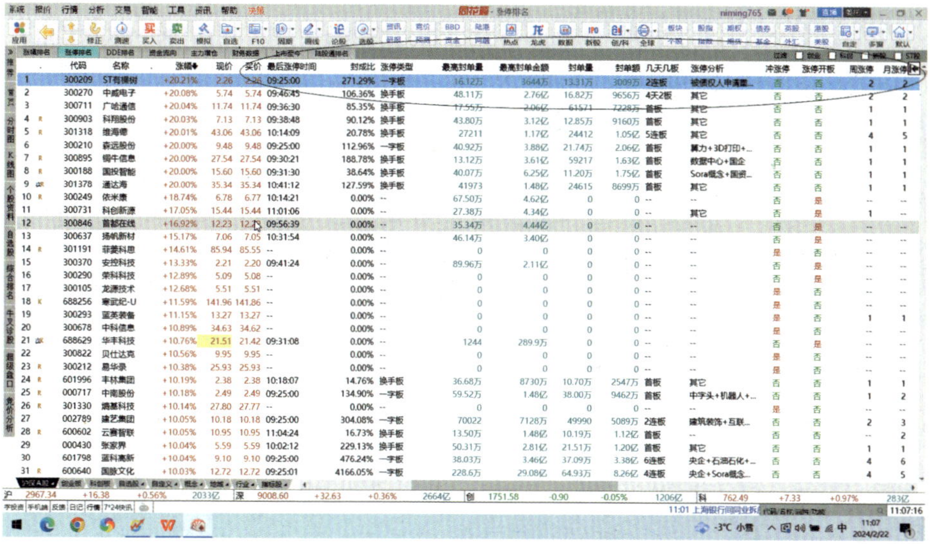

图 1-28

　　N 日内涨跌停次数及排序公式源码：（所有 A 股包含沪深，创业板，科创板，北证 A 股）

input:

n(5,1,999,1),m(50,1,999,1),n1(5,1,999,1),n2(10,1,999,1),n3(30,1,6000,1),n4(60,1,6000,1），n5(120,1,6000,1),n6(240,1,6000,1）;

涨停 :=((c−ref(c,1))/ref(c,1)*100>=9.2 or (c−ref(c,1))/ref(c,1)*100>=19.2 or (c−ref(c,1))/ref(c,1)*100>=29.2) and c=h;

跌　停 :=((c−ref(c,1))/ref(c,1)*100<=−1*9.2 or (c−ref(c,1))/ref(c,1)*100<=−1*19.2 or (c−ref(c,1))/ref(c,1)*100<=−1*29.2) and c=l;

P1:MA(C,n1),COLORWHITE;

P2:MA(C,n2),COLORWHITE,linethick2;

P3:MA(C,n3),COLORYELLOW;

P4:MA(C,n4),COLORYELLOW,linethick2;

P5:MA(C,n5),COLORMAGENTA;

P6:MA(C,n6),COLORMAGENTA,linethick2;

涨跌 :c-ref(c,1),PRECIS2,COLORWHITE,linethick0;

涨幅 :(c-ref(c,1))/ref(c,1)*100,PRECIS2,COLORYELLOW,linethick0;

振幅 :(h-l)/l*100,PRECIS2,COLORMAGENTA,linethick0;

DRAWTEXT(涨停 ,L,' 涨停 '),COLORRED;

DRAWTEXT(跌停 ,h,' 跌停 '),COLORGREEN;

N 日内涨停次数 :count(ref(涨停 ,1),n),PRECIS0,COLORRED,linethick0;

N 日内跌停次数 :count(ref(跌停 ,1),n),PRECIS0,COLORGREEN,linethick0;

涨停次数 :count(涨停 ,0),PRECIS0,COLORRED,linethick0;

涨跌次数 :count(跌停 ,0),PRECIS0,COLORGREEN,linethick0;

涨停天数排序 :count(ref(涨停 ,1),m),PRECIS0,COLORRED,linethick0;

跌停天数排序 :count(ref(跌停 ,1),m),PRECIS0,COLORGREEN,linethick0;

STICKLINE(c>=o,o,c,5,1),colorred;

STICKLINE(o>c,c,o,5,0),colorcyan;

STICKLINE(c>=o,c,H,0,1),colorred;

STICKLINE(c>=o,o,l,0,1),colorred;

STICKLINE(o>c,c,l,0,0),colorcyan;

STICKLINE(o>c,o,H,0,0),colorcyan;

　　N 日内涨跌停次数及排序的公式运用法则如下：

　　（1）只买某段时间内涨停过的股票，能涨停就不是散户行为，阶段时间内涨停次数越多，活跃度越高，后续继续涨停的概率就越大，可高度关注。

（2）通过涨停次数排序，找出阶段内最强势的股票，在其回调遇到支撑处进场，细节在《同花顺技术分析实战精要》一书中讲解，本书主要讲解分时技术。

（3）排序不仅包含了选股功能更加上了排序功能，股票的强弱一目了然，所以其的功能要优于选股，以此举例，其他任何指标都可排序，依此类推。

该指标如图 1-29 所示。

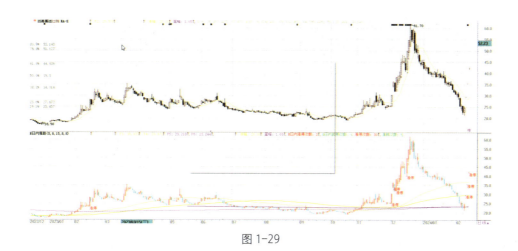

图 1-29

第九节　同花顺分时图特色功能之董事长看盘

同花顺分时图特色功能——董事长看盘，如图 1-30 所示。

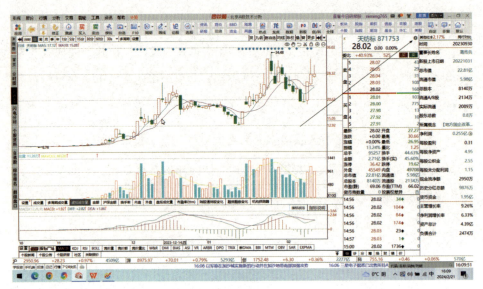

图 1-30

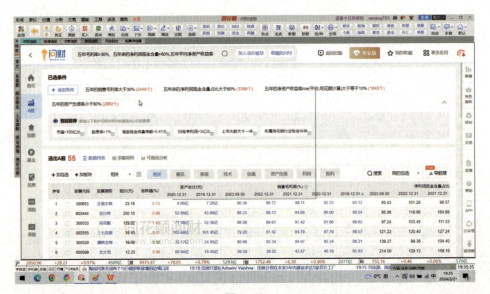

图 1-31

在图 1–30 中，最右侧董事长看盘功能，其含义主要是通过公司基本面的基础信息和基础的经营信息及它们在同行业中的对比来看出公司的潜在竞争优势，在实战中除了价值投资之外，可以作为筛选过滤指标。比如，笔者在选股时首先通过五年平均净资产收益率大于 10%，五年平均净利润现金含量大于80%，五年平均负债率小于 60%，五年平均毛利率大于 30%，可以通过同花顺问财轻松选出，再在其中通过技术分析选择买卖点。

如图 1–31，通过同花顺特色功能"问财"可瞬间选出符合笔者基本面指标筛选出来的 55 只可操作的价值股。

微信扫码添加同花顺陪伴官小顺
获取更多图书增值服务

第二章

同花顺分时图解析

第一节　低开低走

低开低走是指股价低位开盘，并且在开盘后的一小时内没有突破开盘价便出现下跌的走势。

一、基本特征

低开低走形态的基本特征是：股价在昨日收盘价的下方开盘，且开盘即跌，价格线一直处于均价线下方运行，没有丝毫上涨，甚至出现大跌和跌停，并在当日以阴线报收。

二、市场含义

低开低走形态出现时，说明市场空方力量较大，主动卖盘较多，若股价正处于高位，则属于主力出货的卖出信号，后市持续下跌概率较大，该形态出现时，不宜买入股票建仓。

三、图例阐述

由于低开低走形态属于一种看空后市的走势形态，所以，若该形态出现在一些相对高位和持续下跌走势的加速下跌过程中，最具实战意义。如图 2-1 所示。

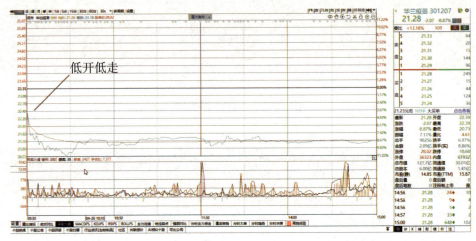

图 2-1

从图中可以看到，个股开盘当日股价即出现低开，丝毫没有上涨的动力，呈现出低开低走的弱势形态，并且均已下跌报收；说明当日市场中的主动卖盘较多，空方压力非常大，多方无力反击。所以，该形态出现时，通常预示后市持续走低概率较大，属于后市下跌的信号。

四、实战总结

在实战交易中，投资者遇到低开低走的形态时，应注意以下几点：

1.低开低走形态出现时，通常会在 K 线图上形成一根中阴线或大阴线，如果此时行情已经处于一个相对的高位，则后市持续走低概率较大。

2. 低开低走形态出现时，如果股价短期上涨幅度过高（15% 以上）出现明显超买，并且大盘也呈现出走低形态，或大盘走高，但该股走低，此时一旦大盘回落，该股持续下跌的概率就会加大。

3. 低开低走形态出现时，如果整个市场正处于熊市之中，并且，成交量极度萎缩，且股价又处于下跌趋势中的重要突破区域（比如，股价正处于下跌阶段，面临向下突破时），该形态一旦出现，后市向下突破再创新低的概率非常大。

4. 低开低走形态出现时，如果股价正自高位向下突破 K 线图中的 20MA 时，说明股价已经进入了短期下跌趋势，短期趋势将持续下跌。

5. 低开低走形态出现时，如果股价正自高位向下突破 K 线图中的 60MA 或 120MA 平均线，说明股价已经进入中期下跌趋势，中期趋势将持续下跌。

6. 低开低走形态出现时，如果股价正自高位向下突破 K 线图中的 250MA 平均线或 350MA 平均线，说明股价已经进入长期下跌趋势，后市步入长期熊市概率较大。

第二节　低开高走

低开高走形态是指股价的开盘价低于昨日收盘价，但在开盘后一小时内恢复上涨，并在当日一直处于涨势之中。

一、基本特征

低开高走形态的基本特征是：股价虽然低开，但没有出现大幅度的下跌，反而开始逐步上移，最终运行于开盘价和均价线上方，甚至出现大涨或涨停，并一直持续到收盘，以阳线报收。

二、市场含义

该形态出现时，说明开盘时买方市场出现短时停滞，主动卖盘稍占上风，但由于卖盘后续不济，所以，买盘信心再次建立，最终扭转跌势，主导市场。该形态出现时，说明市场中的多头力量较大，属于暂时看多后市的上涨信号。若出现在长期下跌的低位区域，并伴随着成交量和换手率的增多，说明有主力趁股价低迷买入股票建仓。

三、图例阐述

低开高走形态属于一种看多后市的走势形态，该形态出现在相对较低的上涨行情中时，实战意义较高。如图 2-2 所示。

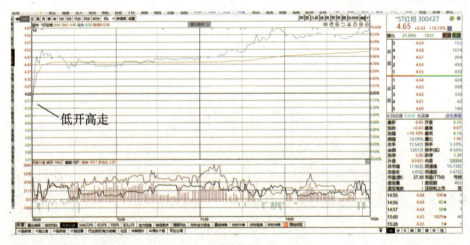

图 2-2

从图中可以看到，个股在开盘当日，股价出现低开高走的情况，虽然有些个股在股价低开高走不久就出现了高位停滞的横盘走势，但并没有跌破昨日收盘价；说明市场中的主动做多意愿还是很强烈的，主动买盘明显大于主动卖盘。

所以，该形态出现时，如股价正处于上涨阶段，则后市持续走高概率较大，属于后市看多的买入信号。在实战交易中，若股价正处于相对底部阶段，并已出现企稳迹象，投资者可以尝试买入股票建仓。

四、实战总结

在实战交易中，投资者遇到低开高走的形态时，应注意以下几点：

1. 低开高走形态出现时，如果股价在当日收盘时为大阳线或中阳线，甚至是以涨停报收，而此时行情又正处于一个相对的低位，股价明显企稳，则后市走高概率较大。

2. 低开高走形态出现时，如果股价短期下跌幅度过大（15% 以上）出现明显超卖，则该股企稳走强的概率就会加大。

3. 低开高走形态出现时，如果整个市场正处于牛市之中，并且，成交量和换手率持续放大，该形态一旦出现并向上突破某一重要阻力区域，后市持续上涨的概率就会加大。

4. 低开高走形态出现时，如果股价正自低位向上突破 K 线图中的 20MA 时，说明股价已经进入了短期上涨趋势，短期内后市将持续上涨的概率较大。

5. 低开高走形态出现时，如果股价向上突破了 20MA 平均线，此时再次向上突破 K 线图中的 60MA 或 120MA 平均线，说明股价已经进入中期上涨趋势，中期趋势持续上涨概率较大。

6. 低开高走形态出现时，如果股价恰好向上突破 K 线图中的 250MA 平均线或 350MA 平均线，说明股价已经进入长期上涨趋势，后市步入长期牛市概率较大。

第三节　高开高走

高开高走是一种强势形态，即股价的开盘价比昨日收盘价高，且一直呈强势。

一、基本特征

高开高走形态的基本特征是：股价以高于昨日收盘价开盘，并且没有出现大幅度的回撤就持续上涨，最终以阳线甚至涨停收盘。

二、市场含义

高开高走形态出现时，说明市场中的主动买盘非常踊跃，主动买盘已占上风，并主导市场；所以，该形态出现时，说明市场中的多头力量较大，属于暂时看多后市的上涨信号。若出现在长期下跌的低位区域，并伴随着成交量的增多，说明有主力趁股价低迷买入股票建仓。

三、图例阐述

高开高走形态属于一种看多后市的走势形态，若该形态出现在相对较低的上涨行情中，或已经确定的长期上涨行情中，实战意义较高。如图 2-3 所示。

图 2-3

　　从图中可以看到，个股开盘当日，股价高开高走，虽然出现了高位停滞的横盘走势，但并没有跌破昨日收盘价，并最终顽强地以高于收盘价的走势，阳线收盘。说明市场中主动做多的意愿非常强烈，主动买盘大于主动卖盘，属于后市持续看多的信号。

　　在实战交易中，如果该形态出现在行情刚刚上涨的起步阶段，则后市持续走高概率较大，属于后市看多的买入信号，投资者可以尝试买入股票建仓。

四、实战总结

　　在实战交易中，投资者遇到高开高走的形态时，应注意以下几点：

　　1.高开高走形态出现时，如果个股行情已经处于一个相对的低位，且股价已经明显企稳，当日股价若收成大阳线或中阳线，甚至是以涨停报收，后市持续走高概率就会增大。

　　2.高开高走形态出现时，如果股价短期出现明显超卖（股价下跌15%以上），并且大盘也呈现出走强形态，则该股持续走强的概率就会加大。

3.高开高走形态出现时，如果整个市场正处于长期上涨趋势（牛市）中的重要突破区域，一旦伴随着该形态的出现，股价向上突破，则后市持续上涨的概率就会加大。

4.高开高走形态出现时，如果股价正自低位向上突破 K 线图中的 20MA 时，说明股价已经进入了短期上涨趋势，短期上涨概率较大。

5.高开高走形态出现时，如果股价正随着成交量的增大向上突破 K 线图中的 60MA 或 120MA 平均线，说明股价已经进入中期上涨趋势，中期上涨概率较大。

6.高开高走形态出现时，如果该长期股价升量增，而此时股价又恰好向上突破了 K 线图中的 250MA 平均线或 350MA 平均线，说明该股已经进入长期牛市趋势中。

第四节　高开低走

高开低走是一种弱势形态，即股价的开盘价比昨日收盘价低，且在整个交易日中，一直呈现弱势。

一、基本特征

高开低走形态的基本特征是：股价以高于昨日收盘价开盘，但开盘即跌，整日都处于不断下跌的走势中，直到收盘时依然没有出现任何上涨的苗头，最终以阴线甚至跌停收盘。

二、市场含义

高开低走形态出现时，说明市场中的主动卖盘非常踊跃，空方力量已占上风。该形态出现时，说明市场中的卖压较大，属于暂时看空后市的下跌信号。若该形态出现在长期上涨的顶部区域，或股价已步入长期下跌的熊市中，且伴随着成交量的萎缩而出现，说明市场渐趋萧条，有主力在趁机卖出股票，属于后市看淡的征兆。

三、图例阐述

高开低走形态属于一种看空后市的弱势形态，该形态若出现在行情大涨之后的下跌行情中，或已经确定的长期下跌行情中，实战意义最高。如图 2-4、图 2-5 所示。

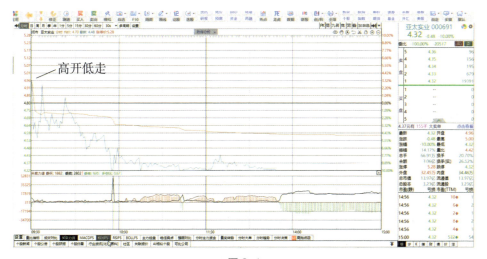

图 2-4

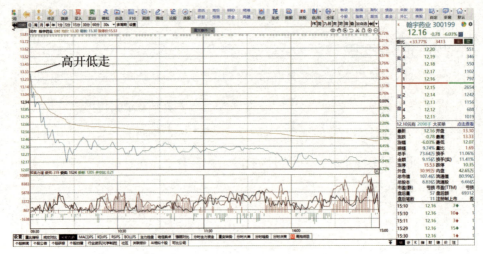

图 2-5

四、实战总结

从上面的图中可以看到，上面的个股开盘当日，股价高开低走，说明当日开盘时虽然买方踊跃，但不久就后续无力，被空方打压下来，并且，整个交易日都处于持续下跌的走势中，说明主动卖盘远大于主动买盘。该形态出现时，属于后市看空的卖出信号。

在实战交易中，如果该形态出现在行情大涨之后的顶部下跌的初期阶段，说明主力正在趁价高时卖出股票平仓，后市持续跌势的概率较大，属于后市看空的卖出信号，投资者可以尝试卖出股票平仓。

第五节　平开低走

平开低走也是一种弱势形态，即股价的开盘价与昨日收盘一致，但不久后多方力量渐显疲态，且在整个交易日中，多方一直呈现弱势姿态的一种走势形态。

一、基本特征

平开低走形态的基本特征是：股价今日的开盘价与昨日收盘价相同，但开盘不久就出现下跌，之后便整日都处于不断下跌的走势中，直到收盘时依然没有出现强而有力的上涨势头，最终以阴线甚至跌停收盘。

二、市场含义

平开低走形态出现时，说明该股开盘时，市场中的主动买盘和主动卖盘力量相当，但随着时间的推移，空方力量渐占上风，多方力量渐现不支。

该形态出现时，说明市场中的买方力量比较薄弱，卖盘力量比较强劲，属于持续看空的下跌信号。若该形态出现在长期上涨的顶部区域，或股价已步入长期下跌的熊市中，且伴随着成交量的萎缩而出现，说明有主力在趁机卖出股票，属于后市看淡的征兆；若伴随着顶部形态同步出现，则股价下跌的概率就会更大。

三、图例阐述

平开低走形态属于一种看空后市的弱势形态，该形态若出现在行情大涨之后的下跌行情中，或已经确定的长期下跌行情中，实战意义最高。如图 2-6、图 2-7 所示。

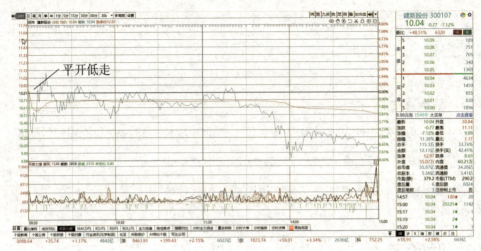

图 2-6

图 2-7

四、实战总结

从上面的图示中可以看到，上面的个股均出现了股价平开低走的情况，说明当日开盘时买卖双方的力量基本相当，但不久多方后续无力，被空方打压下来。虽然之后均出现了一定的震荡反弹，但都因多方力量太弱，导致股价反弹力度较小，所以，整个交易日依然持续了下跌的走势，说明主动卖盘远大于主动买盘。该形态出现时，属于后市看空的卖出信号。

在实战交易中，如果该形态出现在行情顶部下跌的初级阶段，说明有主力正在趁价高时卖出股票平仓，后市持续跌势的概率较大，属于后市看空的卖出信号，投资者应考虑卖出股票规避风险。

第六节　平开高走

与平开低走形态相对应的便是平开高走形态，该形态是一种强势形态，即股价的开盘价与昨日收盘价相同，但开盘不久即出现上涨势头，一直涨到收盘。

一、基本特征

平开低走形态的基本特征是：股价今日的开盘价与昨日收盘价相同，但开盘不久空方力量渐渐减弱，多方力量开始加强，行情逐步上扬，出现上涨势头。之后，便整日都处于不断上涨或震荡上涨的走势之中，直到收盘时依然保持这种强有力的上涨势头，最终以阳线甚至涨停收盘。

二、市场含义

平开高走形态出现时，说明该股开盘时，市场中的主动买盘和主动卖盘力量相当，但随着时间的推移，空方力量渐显不支，多方力量渐占上风。

该形态出现时，说明市场是买方力量比较强劲、卖方力量比较薄弱的行情形态。若该形态出现在长期下跌的底部区域，或股价已步入长期上涨的牛市中，且伴随着成交量的放大而出现，后市上涨的概率就会增大，属于后市看多的上涨信号。若伴随着各种底部形态同步出现，则股价上涨的概率就会更大。

三、图例阐述

　　平开高走形态属于一种看多后市的强势形态，该形态若出现在行情大跌之后的上涨行情中，或已经确定的长期上涨行情中，最具实战意义。如图 2-8、图 2-9 所示。

图 2-8

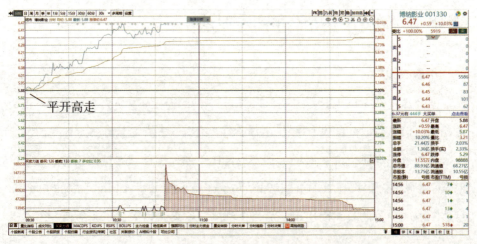

图 2-9

从上面的图中可以看到，上述个股均出现了股价平开高走的情况，说明当日开盘时买卖双方的力量基本相当，但不久多方力量大增，空方力量锐减，经过一波三折的起伏，最终还是多方占据了市场趋势的主导权，并在收盘时收成阳K线，说明主动买盘明显大于主动卖盘。如果该形态出现时，行情正处于底部上涨的初级阶段，说明有主力正在趁价低时买入股票建仓，后市持续涨势的概率较大，属于后市看多的买入信号。此时，投资者可考虑适当买入股票建仓。

四、实战总结

在实战交易中，投资者遇到平开高走的形态时，应注意以下几点：

1. 平开高走形态出现时，若行情已经出现了大幅度的下跌，处于底部区域，且股价已经出现明显企稳，成交量也出现了明显的放大，此时若股价收成大阳线或中阳线，甚至是以涨停报收，后市走高概率就会增大。

2. 平开高走形态出现时，如果股价的短期下跌过大，出现了明显超卖，并且大盘也呈现出企稳走强的形态，则该股后续上涨的概率就会加大。

3. 如果整个市场正处于长期上涨趋势（牛市）中，并伴随着平开高走形态的出现，向上突破了某一重要阻力位，或创出新高，后市持续上涨的概率就会加大。

4. 平开高走形态出现时，如果股价恰好自下而上突破K线图中的20MA时，说明股价已经进入了短期上涨趋势，行情短期持续上涨的概率较大。

5. 平开高走形态出现时，如果股价恰好自下而上突破K线图中的60MA或120MA平均线，说明股价已经进入中期上涨趋势，股价中期持续走高的概率较大。

6. 平开高走形态出现时，如果股价伴随着成交量的长期放大，自低位向上突破K线图中的250MA平均线或350MA平均线，说明股价已经进入步入长期牛市，后市长期上涨概率较大。

第七节　下探走高

下探走高形态是一种经过短暂的回撤之后的上涨形态，该形态是一种强势形态，即股价开盘后出现小幅度（或大幅度）的下探，之后便止跌回升，且价格线上穿均价线，此后的整个交易日中，一直呈现高位运行的运行状态。

一、基本特征

下探走高形态的基本特征是：股价开盘不久就出现短时间的下探走势，但随后价格线又逐步回升，并上穿均价线，之后，便整日都处于不断上涨或震荡上涨的走势之中，直到收盘时依然保持这种强而有力的上涨势头，最终以阳线甚至涨停收盘。

二、市场含义

下探走高形态的出现，说明该股开盘时，市场中涌出了大量的主动卖盘，但随着时间的推移，主动买盘力量渐显，并逐渐占了上风。

该形态出现时，说明开盘阶段市场中的买方信心不足，昨日观望的投资者决定平仓出局。然而，短时间的卖方抛压过后，多方重塑信心突然发力，扭转了下跌的局面。

若该形态出现在大幅下跌的底部区域，或股价已步入上涨走势中，且伴随着成交量的放大而出现，后市持续上涨的概率就会增大，属于后市看多的上涨信号。

三、图例阐述

下探走高形态属于一种看多后市的强势形态，该形态若出现在行情大跌之后的上涨行情中，或已经确定的上涨行情中，实战意义最高。如图 2-10、图 2-11。

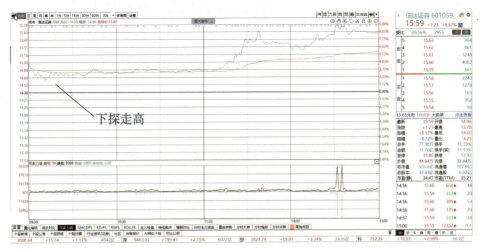

图 2-10

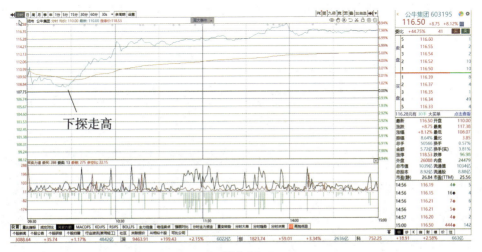

图 2-11

　　从上面的图中可以看到，上面的个股在开盘不久后均出现了下探走势，但不久就触底回升，价格线开始上穿均价线，步入上涨阶段，说明开盘时市场中的卖压较大，这些卖压大多数都是昨日观望的投资者对后市失去信心造成的，但最终还是多方占据了市场趋势的主导权，扭转了早盘的跌势，并最终以高于开盘价的价格报收，形成阳 K 线，说明市场中的主动买盘依然踊跃。

　　该形态出现时，如果行情正处于底部上涨的初级阶段，说明有主力大户正在趁价低时买入股票建仓，后市持续涨势的概率较大，属于后市看多的买入信号。此时，投资者可以在价格线上穿均价线时适当买入股票建仓。

四、实战总结

　　在实战交易中，投资者遇到下探走高的形态时，应注意以下几点：

　　1. 下探走高形态出现时，若行情已经出现了大幅度的下跌，股价正处于一个相对较低的底部区域，且股价已经随着成交量的明显放大止跌企稳，则后市走高概率就会增大。

　　2. 下探走高形态出现时，如果股价出现了明显超卖，并且大盘先行呈现出走强的形态，则该股随后上涨的概率就会加大，投资者可在价格线上穿均价线时买入股票建仓。

　　3. 下探走高形态出现时，如果整个市场均处于长期上涨的趋势中，个股的股价又恰好向上突破了某一重要阻力位，或创出新高，后市持续上涨的概率就会加大。

　　4. 下探走高形态出现时，如果股价正伴随着成交量和换手率的增大，自下而上突破 K 线图中的 20MA 时，说明股价已经进入了短期上涨趋势，短期行情持续上涨的概率较大。

　　5. 下探走高形态出现时，如果股价正伴随着成交量和换手率的增大，自下而上突破 K 线图中的 60MA 或 120MA 平均线，说明股价已经进入中期上涨趋势，中期行情持续走高的概率较大。

6. 下探走高形态出现时，如果股价正伴随着成交量和换手率的正自低位向上突破 K 线图中的 250MA 平均线或 350MA 平均线，说明行情已经进入长期上涨趋势，后市步入长期牛市概率较大，可长期持有股票。

第八节　冲高回落

冲高回落形态是一种经过短暂的上涨之后的下跌形态，即股价自开盘后出现了小幅度（或大幅度）的上涨，但没持续多久就掉头下跌，价格线下穿均价线，此后，在整个交易日中一直低位整理或震荡下跌。

一、基本特征

冲高回落形态的基本特征是：股价开盘不久就出现短时间的上涨，但没过多久，股价就出现回落，随后价格线下穿均价线。之后的整个交易日中，行情均处于不断下跌或震荡整理的走势之中，直到收盘时股价也没有创出日内高点。

二、市场含义

冲高回落形态的出现，说明该股在开盘时，出现了大量的主动买盘，但随着时间的推移，买方力量渐渐消退，主动卖盘的力量开始显现，并逐渐占了上风。

该形态出现时，说明开盘阶段市场中的买方信心较足，昨日观望待购的投资者踊跃入局，但当这股做多的市场力量过后，市场再度冷却，股价再度进入跌势之中。

若该形态出现在大幅上涨的顶部区域，或股价已步入下跌走势中，且伴随着成交量的萎缩而出现，说明市场中有主力大户在开盘后故意做高股价，在一个相对的高位诱多出货。后市下跌的概率会增大，属于后市看空的下跌信号。

三、图例阐述

冲高回落形态属于一种看空后市的弱势形态，该形态若出现在行情大涨之后的下跌行情中，或已经确定的下跌行情中，实战意义是最高的。如图 2-12、图 2-13。

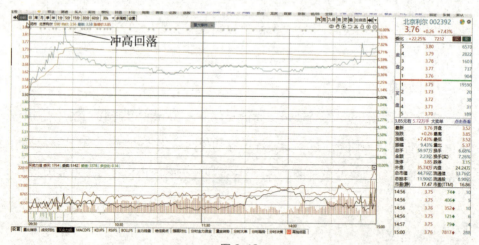

图 2-12

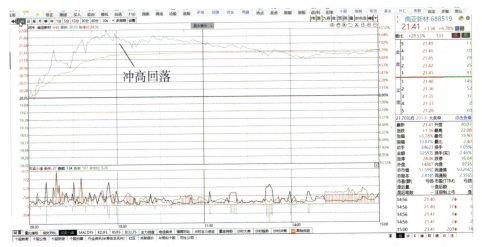

图 2-13

从上面的图中可以看到，上面的个股在开盘不久后，均出现了快速上涨的走势形态，说明开盘时市场中的买方力量还是很大的，但没过多久，股价就滞涨回落，出现了冲高回落形态。且全日的股价再也没有出现像样的涨势或创出新高，这种情况一直持续到行情收盘。说明市场中的主动买盘虽然踊跃，但卖方的力量也不容小觑。

该形态出现时，如果行情处于大涨之后的顶部阶段或持续下跌的走势之中，说明有主力正在趁股价高企时卖出股票平仓，后市走弱的概率较大，属于后市看空的卖出信号。

四、实战总结

在实战交易中，投资者遇到冲高回落形态时，应注意以下几点：

1. 冲高回落形态出现时，若行情已经出现了大幅度的上涨，股价正自一个相对较高的顶部区域向下运行，且下方的成交量也已经出现明显萎缩，则后市走低概率较大。

2. 冲高回落形态出现时，如果股价出现了明显超买，并且大盘也已经呈现出走弱的态势，则该股随后下跌的概率就会加大。

3. 如果整个市场正处于长期下跌的趋势（熊市）中，并伴随着该形态的出现，股价向下突破了某一重要阻力位，或创出新低，后市持续下跌的概率就会加大。

4. 冲高回落形态出现时，如果个股股价正处于 K 线图中的 20MA 平均线的下方运行，说明股价已经进入了短期下跌趋势，短期行情持续下跌的概率较大。

5. 冲高回落形态出现时，如果个股的股价正处于 K 线图中的 60MA 或 120MA 平均线的下方运行，说明股价已经进入中期下跌趋势，中期行情持续走低的概率较大。

6. 冲高回落形态出现时，如果个股的股价正处于 K 线图中的 250MA 平均线或 350MA 平均线下方运行，说明行情已经进入长期下跌趋势，后市持续下跌的概率较大，如果当日股价收成阴线其下跌的概率要远大于收成阳线的概率。

第九节　买盘推升

一、基本特征

买盘推升形态的基本特征是：股价开盘不久，行情就出现不同程度的下跌，但最终随着买盘的突然增加，成交量大幅增加，推动价格线上穿均价线，随后，行情便处于不断上涨或高位整理的走势之中，直到收盘时，股价一直保持这种形态。

二、市场含义

买盘推升形态的出现，说明该股在开盘时，主动买盘的力量不敌主动卖盘，但随着时间的推移，主动买盘的力量开始加强，并逐渐战胜主动卖盘占了上风。

该形态出现时，说明开盘阶段市场中的买方信心不足，但随着时间的推移，买方力量逐渐凝聚，并最终爆发出来，推动股价进入上涨走势。

若该形态出现在大幅下跌的底部区域，或股价已步入阶段性上涨过程中，且伴随着成交量和换手率的持续增加而出现，说明主力做高股价的意愿比较坚定，后市持续上涨的概率会增大，属于后市看多的上涨信号。

三、图例阐述

买盘推升形态属于一种看多后市的强势形态，该形态若出现在行情下跌之后的企稳过程中，或已经确定的上涨行情中，实战意义是最高的。如图 2-14、图 2-15。

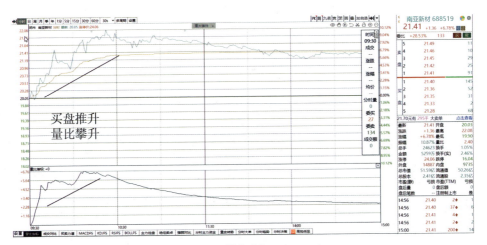

图 2-14

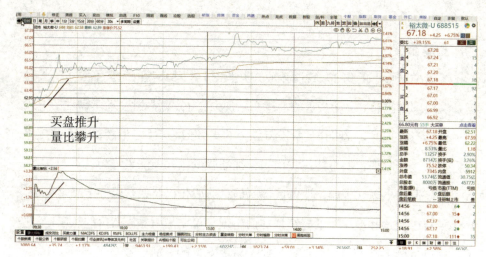

图 2-15

从上面的图中可以看到，上面的个股在开盘后均出现了不同程度的下跌走势，说明开盘时市场中的主动卖盘还是很大的。但随着时间的推移，市场中出现了大量的买盘，最终随着成交量的持续放大，推动股价上穿均价线，进入上涨行情之中，买盘推升特征明显。说明早盘市场中的主动卖盘比较踊跃，但最终还是多方力量占据上风，这种情况出现时，通常意味着市场中的做多意愿没有完结，后市走强的概率依然较大。

在实战交易中，投资者若遇到此类行情走势时，可以继续持有股票待涨。

四、实战总结

在实战交易中，投资者遇到买盘推升形态时，应注意以下几点：

1. 买盘推升形态出现时，若行情已经出现了大幅度的下跌，且股价正处于一个相对较低的底部区域，此时通常都是行情突然变盘的看多信号，短期行情走高的概率较大。

2. 买盘推升形态出现时，如果股价已经出现了明显超卖，一旦大盘走强，则该股随后持续补涨的概率就会加大。

3.买盘推升形态出现时，如果股价在收盘收成阳线或大阳线，而且股价已经向上突破了K线图中的20MA时，说明股价已经进入了短期上涨趋势，短期行情持续上涨的概率较大。

4.买盘推升形态出现时，如果股价在收盘收成阳线或大阳线，而且股价已经向上突破了K线图中的60MA或120MA平均线，说明股价已经进入中期上涨趋势，中期行情持续走高的概率较大。

5.买盘推升形态出现时，如果股价在收盘收成阳线或大阳线，而且股价已经向上突破了K线图中的250MA平均线或350MA平均线，说明行情已经进入长期上涨趋势，后市步入长期牛市持续上涨的概率较大。

第十节　卖盘打压

卖盘打压形态是指股价开盘即跌，并且在之后的交易时间里始终没有出现实质性的上涨，价格线一直在均价线下方运行，不仅如此，盘中还不断出现主动卖单，股价毫无回升之力。

一、基本特征

卖盘打压形态的基本特征是：股价自开盘就出现下跌，价格始终在均价线下方运行，随后的整个交易日中，行情均处于不断下跌或低位整理之中，且不断出现下跌增量的现象，直到收盘时股价也没有出现实质性的转折。

二、市场含义

卖盘打压形态的出现，说明该股卖盘汹涌，买方力量较弱，市场中看空该股的投资者较多，并且不断有新卖家加入杀跌的队伍中来。

该形态出现时，说明市场中的买方信心不足，卖方信心坚定。若该形态出现在大幅上涨的顶部区域，或股价已步入下跌走势中，且伴随着成交量的萎缩而出现，说明市场中有主力正在趁着股价高企时平仓出货。所以后市下跌的概率会增大，属于看空后市的下跌信号。

三、图例阐述

卖盘打压形态属于一种看空后市的弱势形态，该形态若出现在行情大涨之后的顶部区域，或已经确定的下跌行情中，实战意义最高。如图 2-16、图 2-17 所示。

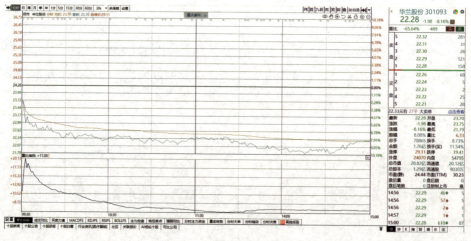

图 2-16

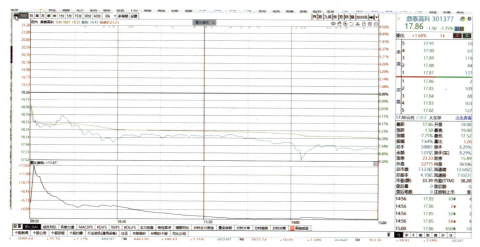

图 2-17

从上面的图中可以看到，上面的个股在开盘后，均出现了不同程度的下跌走势，并且在下跌的过程中，成交量明显放大，说明开盘时市场中的主动卖盘较多，卖盘打压特征非常明显。

之后，上述个股全日的股价走势一直呈现弱势形态，并且股价每创一次低点，成交量就增加一次，这种情况一直持续到行情收盘。说明市场中的主动卖盘非常踊跃，杀跌力量非常强悍。

该形态出现时，如果行情处于股价大涨之后的顶部阶段或持续下跌的走势之中，后市走弱的概率较大，属于后市看空的卖出信号。投资者在实战交易中，遇到此类股价走势时，应增强风险意识，及时减仓或平仓。

四、实战总结

在实战交易中，投资者遇到卖盘打压形态时，应注意以下几点：

1. 卖盘打压形态出现时，若行情已经出现了大幅度的上涨，股价正从一个相对较高的顶部区域向下运行，且该股下方的成交量也从增量形态变成了缩量形态，则后市走低概率较大。

2. 卖盘打压形态出现时，如果股价短期内已经出现了明显超买，行情已经滞涨不前，一旦大盘走弱，则该股随后下跌的概率就会加大。

3. 如果整个市场正处于长期下跌的趋势中，该形态出现时，股价向下突破了某一重要阻力位，或创出新低，后市持续下跌的概率就会加大。

4. 卖盘打压形态出现时，如果股价在当日收成阴线或大阴线，而且恰好向下突破了 K 线图中的 20MA 平均线时，或已经运行于 20MA 下方，则该股短期行情持续下跌的概率较大。

5. 卖盘打压形态出现时，如果股价在当日收成阴线或大阴线，而且恰好向下突破了 K 线图中的 60MA 或 120MA 平均线，或已经运行于 60MA 或 120MA 平均线下方，则该股中期持续走高的概率较大。

6. 卖盘打压形态出现时，如果股价在收盘收成阴线或大阴线，而且股价恰好向下突破了 K 线图中的 250MA 平均线或 350MA 平均线，或已经运行于 250MA 或 350MA 平均线下方，说明行情已经进入长期上涨趋势，后市步入长期熊市概率较大。

第十一节　高位横盘

高位横盘形态是一种经过短暂上涨之后的整理形态，即股价自开盘后出现了小幅度（或大幅度）的上涨，但不久就止住了涨势，在一个相对的高位横盘整理，此后，在整个交易日中一直呈现相同的走势。

一、基本特征

高位横盘形态的基本特征是：股价开盘时出现短时间的上涨走势，但不久就出现了滞涨情况，随后价格线便一直在均价线附近横向运行，这种形态一直持续到收盘时。

二、市场含义

高位横盘形态的出现，说明该股在开盘时，出现了大量的主动买盘，但随着时间的推移，买方力量渐渐消退，但也没有主动卖盘出现，所以，股价才能够在高位横盘整理。

该形态出现时，说明开盘阶段，昨日观望待购的投资者已经踊跃入局，但当这股做多的市场力量过后，市场再度停滞不前，行情呈现胶着状态。

若该形态出现在行情上涨阶段，且伴随着成交量的增大而出现，说明市场做多意愿仍然存在，后市上涨的概率依然较大，属于后市看多的上涨信号。

三、图例阐述

高位横盘形态属于一种看多后市的强势形态，该形态若出现在行情上涨过程中，或已经确定的底部区域，实战意义是最高的；如果出现在长期下跌走势中，则意义不大。如图 2-18、图 2-19 所示。

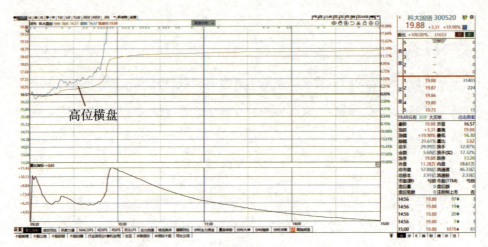

图 2-18

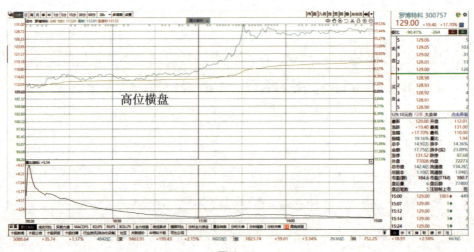

图 2-19

从上面的图中可以看到，上面的个股在开盘不久后，均出现了快速上涨的走势形态，并且成交量也出现了明显放大，说明市场中的主动买盘比较踊跃。但之后，我们看到，行情出现了微妙的变化，股价均出现了回落走势，呈现冲高回落的姿态，但好在股价依然处于高位运行，并没有出现明显的下跌，高位横盘特征非常明显。

所以，该形态若出现在行情上涨的走势之中，说明市场做多的意愿依然存在，后市走强的概率依然较大，属于持续看多的持有信号。投资者在实战交易中，若发现股价已经转强，则可以继续持有仓位待涨；若该形态出现在大跌之后的底部阶段，并且行情已经企稳，则可以尝试买入股票建仓。

四、实战总结

在实战交易中，投资者遇到高位横盘形态时，应注意以下几点：

1. 高位横盘形态出现时，若行情正处于上涨阶段的初期，或一个相对的底部区域，且K线图下方的成交量也已经出现明显放大，则后市走高概率较大。

2. 高位横盘形态出现时，如果股价正处于长期下跌走势中，则主力诱多出货概率较大。

3. 高位横盘形态出现时，如果股价在收盘时收成阳线或大阳线，而且行情正处于K线图中的20MA平均线上方运行，说明股价已经进入了短期上涨趋势，短期行情持续上涨的概率较大。

4. 高位横盘形态出现时，如果股价在收盘时收成阳线或大阳线，且行情正处于K线图中的60MA或120MA平均线上方运行，说明股价已经进入中期上涨趋势，中期行情持续走高的概率较大。

5. 高位横盘形态出现时，如果股价在收盘时收成阳线或大阳线，而且股价正处于K线图中的250MA平均线或350MA平均线上方运行，说明行情已经进入长期上涨趋势，股价长期上涨的概率较大。

第十二节　低位横盘

与高位横盘相对应的便是低位横盘，低位横盘形态是一种弱势形态，即股价自开盘后出现了大幅度的下跌，价格线下穿均价线，此后，在整个交易日中，股价一直在低位徘徊整理。

一、基本特征

低位横盘形态的基本特征是：股价开盘即跌，价格线下穿均价线，在随后的整个交易日，行情均处于低位整理的走势中，直到收盘时，股价依然在低位横向运行。

二、市场含义

低位横盘形态的出现，说明该股中隐藏着大量的主动卖盘，属于后市看跌的走弱信号。该形态出现时，通常预示市场开盘阶段的卖压强劲，多方毫无抵抗之力。若行情正处于大幅上涨之后的顶部区域，或已被确定的下跌走势中，且伴随着成交量的萎缩和内盘的增大而出现，说明市场中有主力大户在开盘阶段大量出货，属于后市看空的卖出信号。

三、图例阐述

低位横盘形态属于一种看空后市的弱势形态，该形态若出现在行情大涨之后的下跌走势中，或伴随着其他顶部信号同时出现，其实战意义是最高的。如图 2-20、图 2-21 所示。

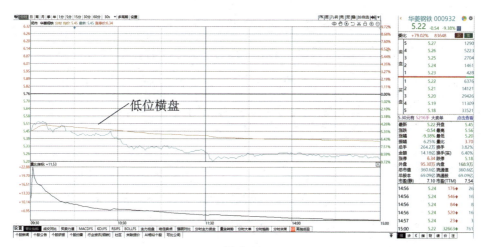

图 2-20

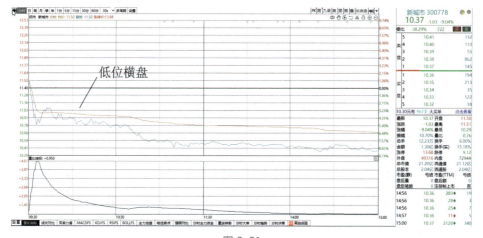

图 2-21

从上面的图中可以看到，每个股票都在开盘后不久就出现了快速下跌的走势，且在下跌过程中价格线下方的成交量是放大的，说明开盘时市场中隐藏的主动卖盘较多，主动买盘较少。之后我们看到，上述该股均在之后走势中呈现低位横盘形态，这种情况一直持续到行情收盘，充分展示了市场中主动做空的杀跌力量的威力。

该形态出现时，如果行情处于行情大涨之后的顶部阶段并伴随着其他下跌信号的出现，且在下跌阶段成交量出现放大迹象，这说明有主力正在趁股价高企时卖出股票平仓，后市走弱的概率较大。投资者在实战交易中遇到此类走势形态时，应注意增强风险意识，及时减仓或出局。

四、实战总结

在实战交易中，投资者遇到低位横盘形态时，应注意以下几点：

1. 低位横盘形态出现时，若行情已经出现了大幅度的上涨，并在相对高位伴随着其他顶部形态的出现，则后市走低概率较大。

2. 低位横盘形态出现时，如果股价已经出现短期超买，并且大盘也已经呈现出走弱的形态，则该股下跌的概率就会加大。

3. 低位横盘形态出现时，如果行情正处于向下突破的阻力区域，则后市持续下跌，再创新低的概率便会增加。

4. 低位横盘形态出现时，如果股价收成阴线或大阴线，并且股价在当日下跌时的成交量呈放大形态，如果股价恰好在当日向下突破了 K 线图中的 20MA 时，则说明个股的股价已经进入了短期下跌趋势，后市持续下跌的概率较大。

5. 低位横盘形态出现时，如果股价收成阴线或大阴线，并恰好在当日股价下跌当日向下突破了 K 线图中的 60MA 或 120MA 平均线，说明股价已经进入中期上涨趋势，中期行情持续走低的概率较大。

6. 低位横盘形态出现时，如果股价收成阴线或大阴线，而且恰好在当日股价在下跌过程中向下突破了 K 线图中的 250MA 平均线或 350MA 平均线，若之前的行情走势出现其顶部下跌信号，后市步入长期熊市概率较大。

第十三节　往复震荡

往复震荡形态，是一种横盘震荡的整理形态，即价格线围绕均价线上下穿越，方向难以确定。

一、基本特征

往复震荡形态的基本特征是：股价自开盘之后就涨跌不定，价格线围绕均价线时而上涨，时而下跌，具体方向无法确定。随后的整个交易日中，行情均保持这种状态。

二、市场含义

往复震荡形态的出现，说明该股当日的主动买盘和主动卖盘均不活跃，市场走向还需观察。该形态在低位出现和高位出现，意义完全不同：若该形态出现在上涨阶段，则说明市场正在消化获利盘，后市持续上涨的概率较大；反之，若该形态出现在股价已经大涨的顶部区域，并伴随着日 K 线图中成交量的突然放大而出现，则投资者应增强风险意识，以防主力高位出货导致股价下跌，一旦股价下跌，就应及时平仓或减仓。

三、图例阐述

往复震荡形态属于一种看后市不明的走势形态，投资者必须根据日 K 线图中的长期趋势，对其进行综合评估。如图 2-22、图 2-23 所示。

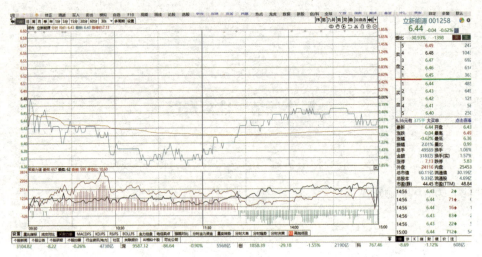

图 2-22

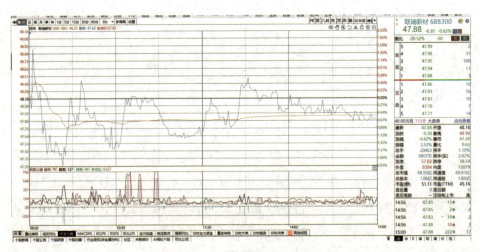

图 2-23

　　从上面的图中可以看到，上面的个股均在开盘不久后就出现了下跌走势，说明开盘阶段市场中有大量的主动卖盘出现。之后虽然股价出现了上涨，但都没有上涨多少就止涨回落。整个交易日，股价一直处于震荡整理的格局之中，往复震荡特征非常明显。

该形态出现时，往往都是行情上涨无力的表现。如果行情处于行情大涨之后的顶部阶段或持续下跌的走势中，则属于主力高位出货的平仓信号；若出现在行情上涨的初始阶段，并伴随着成交量的萎缩，这说明行情正在消化获利盘，后市持续上涨概率较大。

四、实战总结

在实战交易中，投资者遇到往复震荡形态时，应注意以下几点：

1. 往复震荡形态出现时，若行情已经出现了较大幅度的上涨，行情明显超买，且又伴随着日 K 线图中的其他顶部形态的出现，则后市走低概率较大。

2. 往复震荡形态出现时，若行情已经出现了较大幅度的下跌，行情明显超卖，且又伴随着日 K 线图中的其他底部形态的出现，则后市走高概率较大。

3. 往复震荡形态出现时，如果股价在日 K 线图中的 20MA 平均线上方运行时，说明股价已经进入了短期上涨趋势，短期行情持续上涨的概率较大；反之，则短期持续下跌的概率较大。

4. 往复震荡形态出现时，如果股价在日 K 线图中的 60MA 或 120MA 平均线上方运行，说明股价已经进入中期上涨趋势，中期行情持续走高的概率较大；反之，则中期持续下跌的概率较大。

5. 往复震荡形态出现时，如果股价在日 K 线图中的 250MA 或 350MA 平均线上方运行，说明股价已经进入长期上涨趋势，后市持续走牛的概率较大；反之，则后期持续走熊的概率较大。

第十四节　尾市上涨

尾市上涨形态是一种诱多形态，即股价自开盘后并没有出现像样的上涨，甚至出现下跌，但到了即将收盘的一个小时内甚至几分钟内，股价突然出现放量大涨，甚至创出当日新高或直接涨停。

一、基本特征

尾市上涨形态的基本特征是：股价开盘后一整天都没有多大的上涨，但到了临近收盘的时候，股价却一反常态地大幅上涨，一改当日的不利走势。

二、市场含义

尾市上涨形态出现时，说明该股虽有积极做多的意愿，但并不强烈。因为在整个交易日中主动卖盘都没有出现，直到临近收盘时的一小时甚至几分钟内才突然出现，往往不会是普通投资者所为。所以，该形态出现时，通常都是主力借助收盘阶段市场中的卖盘挂单较少时而刻意做高股价，为第二个交易日或之后的出货预留空间的一种诱多信号。

若该形态出现在已经确定的下跌走势中，且伴随着其他下跌信号和内盘明显大于外盘很多（甚至一倍到几倍）的出现，则主力诱多出货的可能性就会增大，属于后市即将走弱的下跌信号；反之，若在股价强势上涨的上涨行情中，则行情再度上涨后的概率较大。

三、图例阐述

尾市上涨形态属于看空后市的诱多形态，该形态若出现在行情大涨之后的顶部阶段，或已经确定的下跌过程中，并伴随着巨大内盘的出现，最具实战意义。如图 2-24、图 2-25 所示。

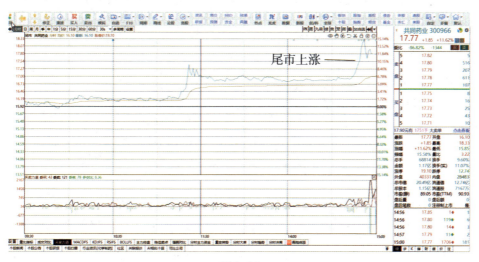

图 2-24

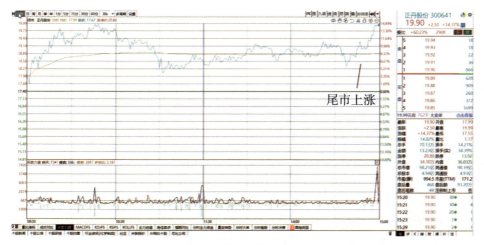

图 2-25

　　从上面的图中可以看到，所有个股均出现了不同程度的下跌，但随着收盘的临近，股价出现了突发性上涨，一改当日的颓废，出现尾市上涨形态说明市场中的主动买盘在尾盘突然涌现，具有明显的诱多目的。

　　该形态出现时，如果行情处于高位或持续下跌的过程中，并且日K线图中也出现下跌走势，此时主力诱多出货的概率就会加大，属于后市看空的卖出信号。投资者在实战交易中遇到此类股价走势时，应注意防范风险，不可轻易追高买入。

四、实战总结

　　在实战交易中，投资者遇到尾市上涨形态时，应注意以下几点：

　　1. 尾市上涨形态出现时，若行情出现在一个相对较高的顶部区域，且伴随着其他见顶信号的出现，则后市走低概率较大。

　　2. 尾市上涨形态出现时，如果大盘正处于走弱阶段，则该股下跌的概率也会加大；反之，如果大盘正处于上涨阶段，则该股后市上涨的概率也会增大。

　　3. 尾市上涨形态出现时，如果行情正处于长期下跌的熊市中，则主力诱多出货的可能性很高。

　　4. 尾市上涨形态出现时，如果日K线图中的股价在下跌过程中，恰好触到K线图中的20MA平均线时，则说明股价受短期均线的托底而回升，短期行情可能止跌企稳。

　　5. 尾市上涨形态出现时，如果日K线图中的股价在下跌过程中，恰好触到K线图中的60MA或120MA平均线，说明股价受中期均线托底，中期行情止跌企稳概率较大。

　　6. 尾市上涨形态出现时，如果日K线图中的股价在下跌过程中，恰好触到K线图中的250MA平均线或350MA平均线，说明股价受长期均线托底，长期行情可能止跌企稳。

第十五节　尾市下跌

尾市下跌形态是一种弱势形态，即股价在开盘当日出现了不同程度的涨跌，但当行情到了尾盘的时候，突然出现了快速下跌的走势。

一、基本特征

尾市下跌形态的基本特征是：股价在当日开盘之后，似乎已经确定了股价的基本走势，但当临近尾盘的时候，股价却出现了惊天逆转，快速下跌甚至由涨转跌。

二、市场含义

尾市下跌形态的出现，说明该股在尾盘突然出现了大量的主动卖盘，后市走势堪忧。该形态出现时，说明临近收盘时刻，先前的投资者因为担心后市走低，而杀跌出局；若该形态出现在高位顶部区域，并且日 K 线图中也呈现出明显的跌势，说明市场中有主力大户在尾盘杀跌出货。该形态出现时，后市下跌的概率较大。

三、图例阐述

尾市下跌形态属于一种看空后市的弱势形态，该形态若出现在行情大涨之后的顶部区域，或长期持续下跌的走势中，最具实战意义。我们来看一下图示，如图 2-26、图 2-27。

图 2-26

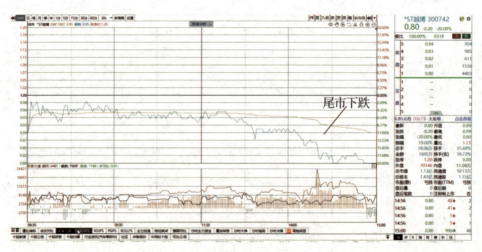

图 2-27

从上面的图中可以看到，图中的所有个股均出现了不同程度的下跌，但随着收盘的临近，出现尾市下跌形态，说明市场中的主动卖盘在尾盘突然涌现，具有明显的杀跌目的。

该形态出现时，如果行情处于高位或持续下跌的过程中，并且日 K 线图中也出现下跌走势，此时主力大户杀跌出货的概率就会加大，属于后市看空的卖出信号；投资者在实战交易中，遇到此类股价走势时，应注意防范风险，不可轻易抄底买入。

四、实战总结

在实战交易中，投资者遇到尾市下跌形态时，应注意以下几点：

1. 尾市下跌形态出现时，若行情正处于一个相对较高的顶部区域，并且已经出现明显下跌，则后市持续走低概率较大。

2. 尾市下跌形态出现时，如果股价短期内涨幅过大（超过 20%），出现了明显超买，则该后市下跌的概率就会加大。

3. 尾市下跌形态出现时，如果股价在日 K 线图中向下突破了某一重要阻力位或趋势线，则后市持续下跌，再创新低的概率就会加大。

4. 尾市下跌形态出现时，如果日 K 线图中的股价恰好在上涨过程中受到 20MA 或 30MA 的压制，说明该股股价受短期均线系统的压制，行情短期下跌的概率较大。

5. 尾市下跌形态出现时，如果日 K 线图中股价恰好在上涨过程中受到 K 线图中的 60MA 或 120MA 平均线的压制，说明该股股价受中期均线系统的压制，行情中期下跌的概率较大。

6. 尾市下跌形态出现时，如果日 K 线图中股价恰好在上涨过程中受到 K 线图中的 250MA 或 350MA 平均线的压制，说明该股股价受长期均线系统的压制，行情长期下跌的概率较大。

第十六节　盘中逆转

盘中逆转形态也称之为变盘形态，是指股价在整个交易日的前半部分时间里上涨，但到了后半部分却突然出现了下跌；或者是股价在整个交易日的前半部分下跌，但到了后半部分却突然变盘，出现了上涨走势的股价形态。

一、基本特征

盘中逆转形态的基本特征是：股价前半部分的走势与后半部分的走势完全相反，要么前半部分上涨、后半部分下跌；要么前半部分下跌、后半部分上涨，属于中途变盘的走势形态。

二、市场含义

盘中逆转形态的出现，说明该股的主动卖盘和主动买盘出现了戏剧性的变化：如果股价走势是由跌转涨，那么后市上涨的概率便会增大；反之，如果股价走势是由涨转跌，则后市走低的概率较大。

三、图例阐述

盘中逆转形态属于一种翻盘形态，其市场含义与其他一些涨跌形态稍微不同。我们看一下图示，如图 2-28、图 2-29。

图 2-28

图 2-29

从上面的图中可以看到，图2-28的股价前半部分的走势呈下跌形态，后半部分是上涨形态，属于跌中翻盘的上涨走势，说明该股开盘之后，出现了大量的主动卖盘，但随着时间的推移，股价在下午开盘不久便翻盘上涨，多方买盘突然涌出，扭转了股价下跌的局面。

而图2-29则与图2-28相反，图2-29的股价前半部分走势形态呈上攻态势，但没过多久就出现了逆转，股价由涨转跌，说明该股开盘之后，市场中虽然主动买盘踊跃，但随着时间的推移，由于多方后续不济，空方卖盘突然涌现，成功翻盘，导致股价由涨转跌。

四、实战总结

在实战交易中，投资者遇到盘中逆转形态时，应注意以下几点：

1. 如果盘中逆转现象出现在相对高位，盘中逆转形态属于由涨转跌，则后市走低概率较大。

2. 如果盘中逆转现象出现在相对低位，盘中逆转形态属于由跌转涨，则后市走高概率较大。

3. 如果大盘正处于上涨阶段，盘中逆转形态属于由跌转涨，则后市持续上涨的概率就会加大。

4. 如果行情正处于上涨阶段，盘中逆转形态属于由涨转跌，则后市持续下跌的概率就会加大。

5. 如果大盘正处于下跌阶段，盘中逆转形态属于由涨转跌，则后市持续下跌的概率就会加大。

6. 如果行情正处于下跌阶段，盘中逆转形态属于由跌转涨，则后市持续上涨的概率就会加大。

第三章

分时图上经典买入技巧

分时图上观察盘中的启动拉升点有很多方法和技巧，在书中我们把在实战中运用成功率较高的技法分享给大家。首先，我们利用同花顺软件的指标自编功能，编制 XDQD 指标。

XDQD 指标是衡量个股相对于大盘指数的强度对比最具实效的指标，它本着简单、实用、有效的原则来编制，故该指标成为如今投资市场上使用最为普遍的强度指标。XDQD 指标的编制原理是将每时间单位的个股收盘价和大盘指数收盘价相对比（在分时图上是将每分钟的个股收盘价和大盘指数收盘价相对比），从而得出强度值，再将强度值进行 N 个单位的简单移动平滑，得出强度值的 N 个单位简单移动平均线，其中蓝色线为强度值线，红色线为强度值的 N 个单位简单移动平均线，XDQD 指标不仅属于强弱对比型指标，还兼顾趋势型指标的特性，其波动范围是无限大或无限小。

XDQD 指标的公式源码如下：

强度线 :ma(c/indexc*10000,2),COLORWHITE,linethick2;

强度均线 :ma(c/indexc*10000,30),COLORFFFFFF;

新建指标的步骤如下：

点击工具，再点击公式管理器，出现如图 3-1 所示时，再点击新建，如图

3-2 所示。

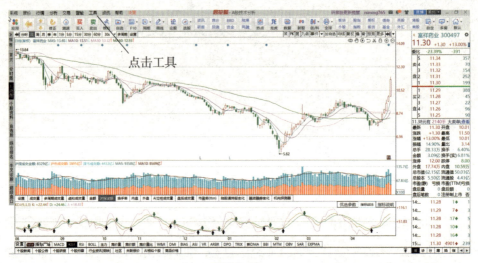

图 3-1

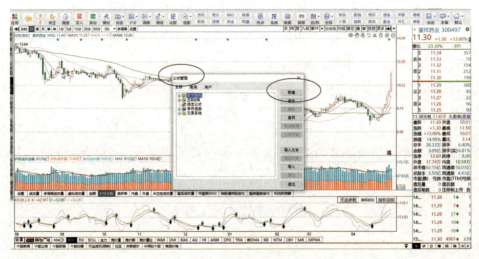

图 3-2

将指标代码写进新建的公式中即可。如图 3-3 所示。

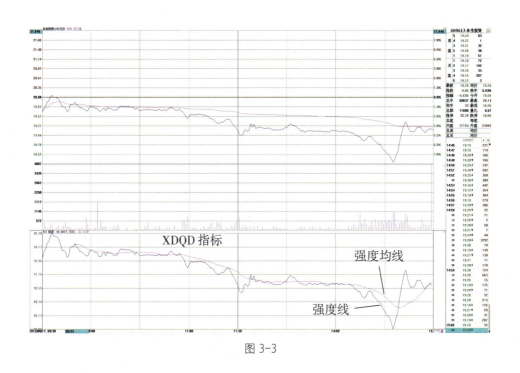

图 3-3

下面我们将使用 XDQD 指标在分时图中捕捉股价的买点。

第一节　均价线之上的买点

在分时走势图中，股价运行在均价线之上时捕捉分时启动点的应用规则
如下：

1. 股价较长时间（至少 15 分钟）在均价线之上横盘震荡。

2. 期间成交量明显萎缩，表明盘中浮筹清洗干净。

3.股价涨幅小于5%，一般在涨幅两三个点左右，越低越好，过高买入则有追高风险。

4.期间 XDQD 指标的强度线和强度均线都向上运行，形成多头排列，表明此时走势强于大盘，属于强势股。

5.当符合特征 1、2、3、4 并且股价于盘中首次明显放量启动拉升时果断下单买进。

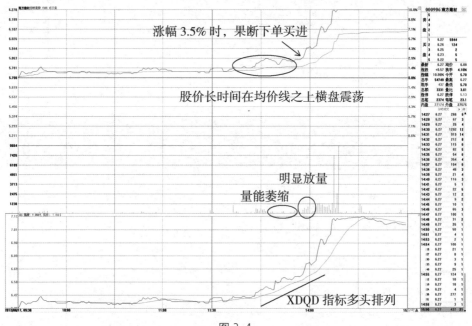

图 3-4

如图 3-4 所示：南方建材（000906）早盘围绕均价线小幅波动，于午盘开市后逐渐站稳均价线之上做横盘震荡，其间成交量大幅萎缩，表明盘中浮筹已清洗得较为干净，主力随时可以进入拉升。但看盘的关键点在于 XDQD 指标是否走强，图中显示 XDQD 指标的强度线和强度均线都向上运行，形成多头排列，走势明显强于大盘，属于强势股，说明盘中主力有意拉升股价，只不过目前大盘走势不稳，主力不愿过于冒险进行逆势拉升，只好在均价之上横盘潜伏，等待大盘走稳，再伺机而动。南方建材于 14：00 附近（注意，是 14：00，这是主力启动拉升的一个重要时间段）开始明显放量拉升股价，此时股价涨幅 3.5%，不属于追高，可果断下单买进。进场后股价迅速拉升，封于涨停板收盘，当日浮盈 6%（不计交易成本，下同）。

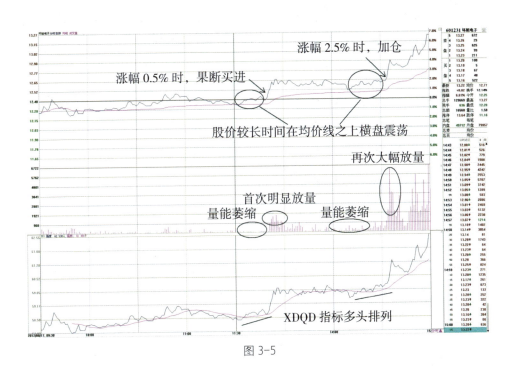

图 3-5

如图 3-5 所示：环旭电子（601231）在图中有两个买点，买进时股价涨幅都小于 5%，两个买点出现之前股价都处于均价线之上做较长时间的横盘震荡，其间 XDQD 指标的强度线和强度均线都向上运行，形成多头排列，走势明显强于大盘，属于强势股，第一次买点出现之前的成交量萎缩得非常明显，接近于地量，说明盘中交易非常清淡，似乎没有主力在其中驻守，但副图中 XDQD 指标的多头排列露出了主力拉升前洗盘蓄势的真实意图，当盘中首次明显放量启动拉升的那一刻，应果断下单买进，在随后的再次放量拉升时，可迅速加仓买进（注意，是 14：30，这是主力启动拉升的一个重要时间段），股价尾市大幅飙升，以涨幅 6.61% 报收。

第二节　均价线之下的买点

在分时走势图中，股价运行在均价线之下时捕捉分时启动点的应用规则如下：

1. 股价较长时间潜伏于均价线之下横盘震荡或小幅下跌。

2. 期间成交量明显萎缩，表明盘中浮筹清洗干净。

3. 股价涨幅小于 5%，一般在涨幅两三个点左右，越低越好，过高买入则有追高风险。

4. 期间 XDQD 指标的强度线和强度均线都向上运行，形成多头排列，表明此时走势强于大盘，属于强势股。

5. 当符合特征 1、2、3、4 并且股价于盘中首次明显放量启动拉升时果断下单买进。

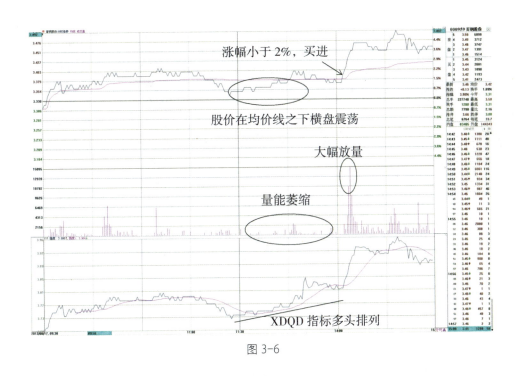

图 3-6

　　如图 3-6 所示：首钢股份（000959）于上午收市之前随大盘走低而下跌，注意副图上对应的 XDQD 指标的强度线和强度均线方向都向下，形成空头排列，是真的走弱于大盘，还是主力故作弱态以此震仓达到洗盘的目的，有待观察。随后，股价跌至均价线之下做横盘震荡时，成交量明显萎缩，关键是此时的 XDQD 指标的强度线和强度均线方向都向上，形成多头排列，属于强势股，证实了之前的走弱是主力的有意打压，借此洗盘，而且洗盘效果还不错。看量能的萎缩程度，可以得知短线浮筹已基本离场，对于流通盘达 12 个多亿，流通市值达 40 多个亿的个股来说，已属不易，当盘中大幅放量开始拉升时，可迅速买进，此时个股涨幅不到 2%，最终以涨幅 3.9% 收盘，账面浮盈 1.9%。

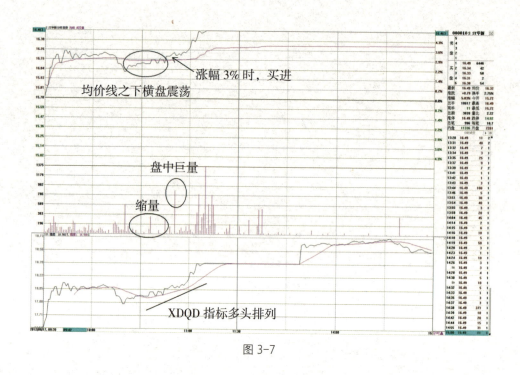

图 3-7

如图 3-7 所示：ST 华新（000010）早盘平开高走，站稳至均价线之上做蓄势震荡，表现较为强势，但受到大盘下跌拖累，最终跌破均价线。仔细看上图，在下破均价线时盘中成交量稍稍放大，显示在大盘下跌的时候还是有很多抛盘出来。至于是市场的抛单还是主力的卖单，目前还不好判定，还得根据下一步的走势来作出判断。当股价跌至均价线之下做横盘震荡时，其间成交量只出现偶尔大单，总体来看量能呈萎缩态势，通过之前的放量下跌，盘中短线浮筹该出的都出来了。再看 XDQD 指标的强度线已经上穿强度均线，并向上运行，形成多头排列，属于强势股，说明此刻股价在均价线之下的横盘属于强势震荡，之前的放量下跌是主力的诱空打压，制造主力出逃假象（管理层正在宣布退市制度，对 ST 股是重大利空）意在洗盘。目前来看主力已经不愿意再跟随大盘下跌了，只要大盘一旦企稳止跌，主力很可能放量拉升。我们再来看图 3-7，10：25 盘中的一根巨量横扫卖盘，主力已吹响了拉升股价的冲锋号，此时股价涨幅刚刚 3%，可果断下单买进，股价于午盘收市前封于涨停直至收盘，当日浮盈 2%。

第三节　缠绕均价线的买点

在分时走势图中，股价经常缠绕均价线做上下震荡，其市场含义和股价在均价线之下运行相同，都是一种潜伏蓄势的状态，区别只是走势形态上的不同而已，股价在盘中缠绕均价线时捕捉分时启动点的应用规则如下：

1. 股价较长时间缠绕均价线做横盘震荡。

2. 期间成交量明显萎缩，表明盘中浮筹清洗干净。

3. 股价涨幅小于 5%，一般在涨幅两三个点左右，越低越好，过高买入则有追高风险。

4. 期间 XDQD 指标的强度线和强度均线都向上运行，形成多头排列，表明此时走势强于大盘，属于强势股。

5. 当符合特征 1、2、3、4 且股价于盘中首次明显放量启动拉升时果断下单买进。

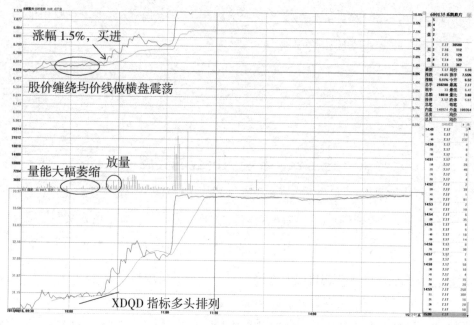

图 3-8

如图 3-8 所示：乐凯胶片（600135）早盘小幅冲高后，回落至均价线处，并缠绕均价线窄幅震荡，其间成交量大幅萎缩，表明主力利用股价冲高回落之际顺势打压洗盘。主力在盘中自然看得比散户更加清楚，眼见量能萎缩至地量，可知短线浮筹已经清洗干净，当 XDQD 指标的强度线上穿强度均线，并同时向上运行，形成多头排列，明显属于强势股时，一旦看见盘中首次大幅放量，即可迅速买进。买进时股价涨幅 1.5%，在上午 11：00 左右（11：00 是主力在上午启动拉升的一个重要时间段），主力奋力拉升，股价封于涨停直至收盘，当日浮盈 8%。

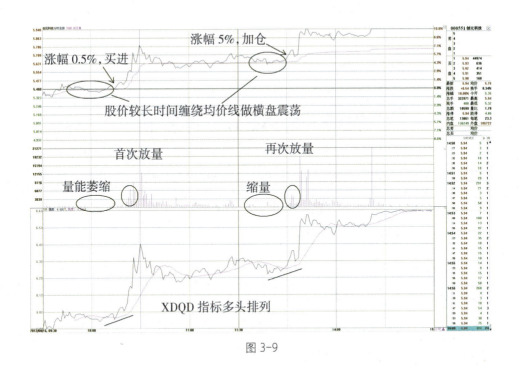

图 3-9

如图 3-9 所示：创元科技（000551）早盘走势略微弱于大盘（观察 XDQD 指标的走势可以得知），在昨收盘价处缠绕均价线做上下震荡，其间成交量明显萎缩。在 XDQD 指标的强度线上穿强度均线后，并同时向上运行，形成多头排列，属于强势股。当涨幅达 0.5%、股价于盘中首次放量拉升时，应果断买进，进场后股价迅速上涨，最高涨幅至 7 个多点，后随大盘冲高回落跌至均价线处，并一直缠绕均价线做小幅度震荡。其间成交量再次大幅萎缩，XDQD 指标的强度线再次上穿强度均线，形成多头排列，明显走强于大盘。当再次大幅放量拉升时，股价涨幅达 5%，符合买进规则，可加仓买进，股价终以涨停收盘。

第四节　昨收盘价之上的买点

在分时走势图中，股价在昨收盘价之上捕捉分时启动点的应用规则如下：

1. 股价较长时间（至少 15 分钟）贴在昨收盘价之上横盘震荡。

2. 期间成交量明显萎缩，盘中浮筹清洗干净。

3. 股价涨幅小于 5%，一般在涨幅两三个点左右，越低越好，过高买入则有追高风险。

4. 期间 XDQD 指标的强度线和强度均线都向上运行，形成多头排列，表明此时走势强于大盘，属于强势股。

5. 当符合特征 1、2、3、4 并且股价于盘中首次明显放量启动拉升时果断下单买进。

如图 3-10 所示：广济药业（000952）整个上午的走势都波澜不惊，下午开盘后，股价开始站在昨收盘价之上窄幅震荡，基本上和上午的走势一样，只不过上午是围绕着均价线和昨收盘价做小幅震荡，仔细看盘得出下午的这种走势是由于某种资金的操控，才得以形成这么具有规律性的波动，这种操控很具有隐秘性，是主力运作的主要手法之一。其间成交量明显萎缩，盘中几乎看不出主力的运作痕迹，但 XDQD 指标的细微变化却反映出了主力在暗中运作。当强度线上穿强度均线后，回落却不破强度均线并形成多头排列时，说明主力即将开始拉升股价，在盘中首次明显大幅放量、股价涨幅 1.5% 时，果断下单买进，终以涨幅 9.37% 收盘，当日浮盈 7.5%。

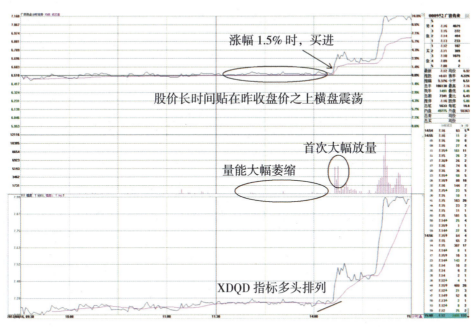

涨幅 1.5% 时，买进

股价长时间贴在昨收盘价之上横盘震荡

首次大幅放量

量能大幅萎缩

XDQD 指标多头排列

图 3-10

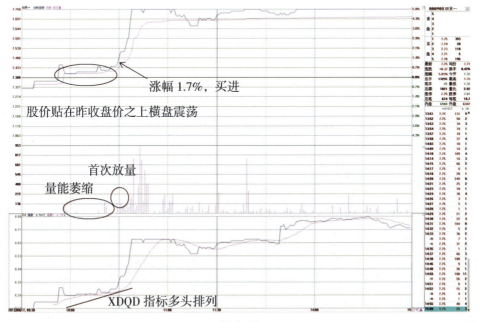

涨幅 1.7%，买进

股价贴在昨收盘价之上横盘震荡

首次放量

量能萎缩

XDQD 指标多头排列

图 3-11

如图 3-11 所示：ST 天一（000908）低开后盘中交易非常清淡，数分钟才几笔成交单，股价被缓缓打高至昨收盘价之上并做横盘震荡，量能也呈现萎缩态势。此种成交清淡的走势，一般有两种情况：一是属于冷门股，无主力，无机构把持，暂被市场所遗忘；二是属于主力已经控盘，正在寻找合适的机会进行拉升。ST 天一属于哪种情况呢？在股价分时走势图上所显现出的成交清淡的表象下，XDQD 指标的走势却表现出较为强势，强度线和强度均线都向上运行，形成多头排列，属于强势股，说明该股属于第二种情况，主力已在其中运作，在盘中首次明显大幅放量拉升时，可迅速跟进，此时涨幅 1.7%，买进后股价随即拉至涨停板，当日浮盈 3%。

第五节　昨收盘价之下的买点

在分时走势图中，股价潜伏于昨收盘价之下捕捉分时启动点的应用规则如下：

1. 股价较长时间（至少 15 分钟）潜伏于昨收盘价之下横盘震荡。

2. 期间成交量明显萎缩，盘中浮筹清洗干净。

3. 股价涨幅小于 5%，一般在涨幅两三个点左右，越低越好，过高买入则有追高风险。

4. 期间 XDQD 指标的强度线和强度均线都向上运行，形成多头排列，表明此时走势强于大盘，属于强势股。

5. 当符合特征 1、2、3、4 并且股价于盘中首次明显放量启动拉升时果断下单买进。

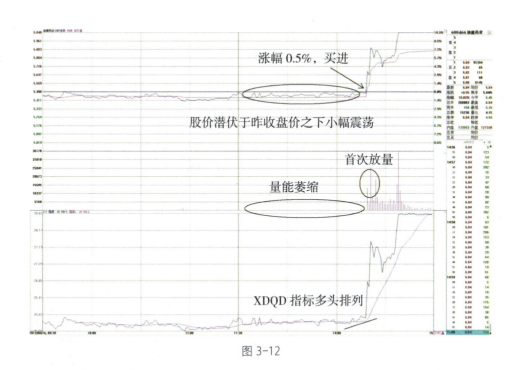

图 3-12

如图 3-12 所示：迪康药业（600466）上午基本上是随大盘而波动，下午开盘后出现长时间潜伏于昨收盘价之下横盘波动，其间量能萎缩至地量。当 XDQD 指标的强度线上穿强度均线，并同时向上运行，形成多头排列时，显示股价明显强于大盘，在盘中首次明显大幅放量进行拉升时，应迅速买进。该股主力较为凶悍，以扎空式手法进行拉升，我们填单买进时，应比现价高数个档位填写，以确保成交，股价最终以涨停报收。当日浮盈 9%。

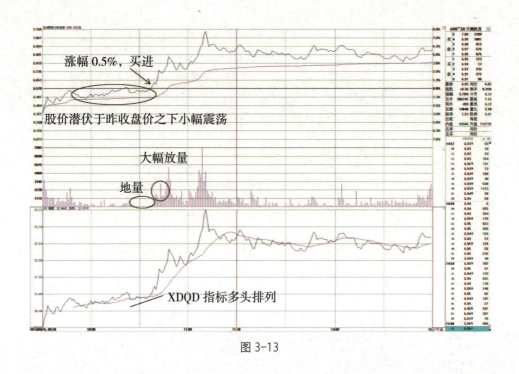

涨幅 0.5%，买进

股价潜伏于昨收盘价之下小幅震荡

大幅放量

地量

XDQD 指标多头排列

图 3-13

如图 3-13 所示：兰州民百（600738）早盘低开高走，至昨收盘价处遇阻回落后，一直处于均价线之上、昨收盘价之下做横向波动。其间成交量明显萎缩至地量，XDQD 指标的强度线上穿强度均线，并同时向上运行，形成多头排列时，显示股价明显强于大盘。当盘中再次大幅放量，股价上穿昨收盘价时，可果断买入。随即股价进行二波拉升，盘中最高涨幅至 8%，尾盘报收 5.7%。当日浮盈 5%。

第六节　缠绕昨收盘价的买点

在分时走势图中，股价经常缠绕昨收盘价做上下震荡，其市场含义和股价潜伏于昨收盘价之下运行相同，都是一种潜伏蓄势的状态，区别只是走势形态上的不同而已，股价在盘中缠绕均价线时捕捉分时启动点的应用规则如下：

1.股价较长时间缠绕昨收盘价做横盘震荡。

2.期间成交量明显萎缩，表明盘中浮筹清洗干净。

3.股价涨幅小于5%，一般在涨幅两三个点左右，越低越好，过高买入则有追高风险。

4.期间XDQD指标的强度线和强度均线都向上运行，形成多头排列，表明此时走势强于大盘，属于强势股。

5.当符合特征1、2、3、4且股价于盘中首次明显放量启动拉升时果断下单买进。

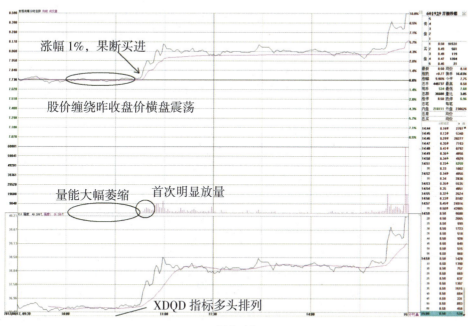

图3-14

如图 3-14 所示：吉视传媒（601929）几乎整个早盘都缠绕着均价线做小幅震荡，其间成交量明显大幅萎缩，量比指标在 0.5 左右徘徊，交易比较清淡，其 XDQD 指标也呈横向趋势，显示在此期间，个股和大盘的走势基本一致，属于同步于大盘股。10：45 时，XDQD 指标的强度线已上穿强度均线并同时向上运行，形成多头排列，属于强势股。当盘中首次明显放量、主力开始拉升时，可迅速跟进，此时股价涨幅刚刚到 1%，买进的风险非常低，尾盘主力再次大幅拉升股价终以涨停报收。当日浮盈 9%。

看图精要：尾市大幅拉升之前股价几乎呈直线运行了 8 分钟，看下面的成交量活跃度和 XDQD 指标的强势形态，这一般是主力将要大幅拉升之前的"捡钱"形态之一，读者可仔细品味。

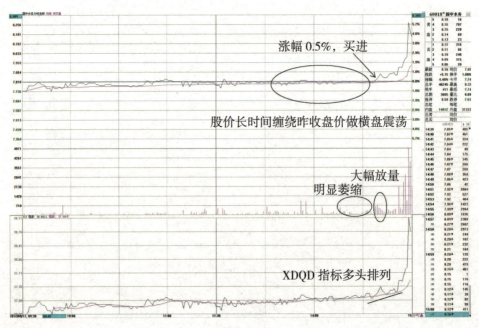

图 3-15

如图 3-15 所示：国中水务（600187）在尾盘 14:40 左右启动拉升，之前的整个盘中走势都显得杂乱无章，不过从总体上看，个股还是跟随大盘波动，属于和大盘同步股。此类型也分为两种情况：一种是无主力入驻、随波逐流的个股；另一种属于主力暗伏其中，等待时机进行拉升的个股。至于该怎样判断个股属于哪种类型，其实读者根据以上内容的学习，大致上应该知道怎样辨别了，那就是仔细观察 XDQD 指标的走势，再辅助以成交量的分析。当 XDQD 指标显示出强势形态时，那就肯定是有主力在其中活动了。否则，应当进一步观察个股随后的走势来决定进退。国中水务随后的走势明显属于第二种情况，XDQD 指标的强度线已上穿强度均线并同时向上运行，形成多头排列，属于强势股。当盘中明显大幅放量，股价开始拉升时，果断买进，此时涨幅 0.5%，随后股价大幅飙升，最终以涨幅 4.48% 报收，当日浮盈 3.9%。

第七节　盘中不跌破均价线的买点

在分时走势图中，均价线作为重要的盘中技术指标之一，不仅具有成本均线的作用，还具有重要支撑位的作用，股价在盘中不跌破均价线时捕捉分时启动点的应用规则如下：

1. 股价冲高回落后明显遇到均价线的有效支撑。

2. 股价回落期间成交量逐渐萎缩，表明盘中浮筹得到了有效清洗。

3. 股价涨幅小于 5%，一般在涨幅两三个点左右，越低越好，过高买入则有追高风险。

4. XDQD 指标的强度线冲高回落后明显遇到强度均线的有效支撑。

5.当符合特征1、2、3、4并且股价于盘中再次明显放量启动拉升时果断下单买进。

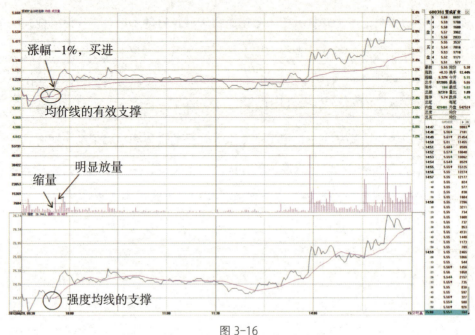

图 3-16

如图 3-16 所示：贤成矿业（600381）早盘低开低走后反弹创出盘中新高，随即再次回落，但得到方向向上的均价线的有力支撑，回落期间成交量明显萎缩至地量（相对之前放量情况而言）。再看 XDQD 指标的强度线也遇到方向向上的强度均线的有效支撑，当盘中再次明显放量、股价向上勾头时，可迅速买进。此时股价还是绿盘（涨幅 -1%），买进后股价虽然快速上涨，但还是跟随大盘逐波走低。仔细看图，下午开盘后下跌的最低点也远比早盘买进时的价位要高，要知道早盘我们的进场点也是主力的护盘加仓点，当再次下跌时，主力是不会让股价再跌至他的加仓点位的，必在加仓点位之上再次护盘。大家看上图，午盘下跌后，股价在昨收盘价和均价线之下做小幅震荡，大家看量能萎缩了没有？ XDQD 指标是否形成多头排列？此处是不是符合均价线之下的买点？是不是符合昨收盘价之下的买点？笔者在图中没有标注出来，相信通过以上的学习，读者朋友定能一眼看出。股价最终以涨幅 6.32% 报收，当日浮盈 7%。

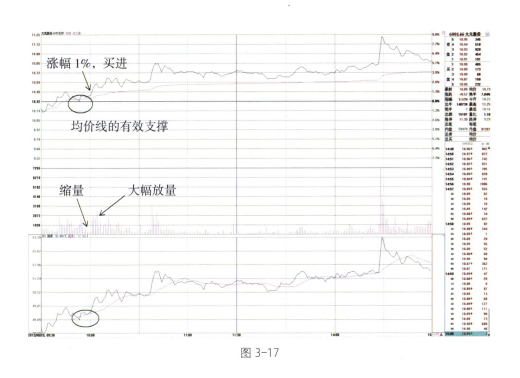

图 3-17

如图 3-17 所示：大元股份（600146）早盘低开后逐波走高，成交量也逐渐放大，随后冲高回落，量能也大幅萎缩，价量配合非常健康。当股价回落至均价线时得到其有力支撑，XDQD 指标的强度线也得到强度均线的有效支撑，在盘中再次大幅放量、股价向上勾头时，可果断买进。进场后不论股价怎样震荡，始终不再回到我们的进场点，这就是真正有效的买点，股价最终以涨幅 5.52% 收盘，当日浮盈 4%。

第八节　盘中不跌破昨收盘价的买点

在分时走势图中，昨收盘价也是重要的盘中技术指标之一，具有重要的支撑压力的作用，股价在盘中不跌破昨收盘价时捕捉分时启动点的应用规则如下：

1. 股价冲高回落后明显遇到昨收盘价的有效支撑。

2. 股价回落期间成交量逐渐萎缩，表明盘中浮筹得到了有效清洗。

3. 股价涨幅小于 5%，一般在涨幅两三个点左右，越低越好，过高买入则有追高风险。

4. XDQD 指标的强度线上穿强度均线。

5. 当符合特征 1、2、3、4 且股价于盘中再次放量启动拉升时果断下单买进。

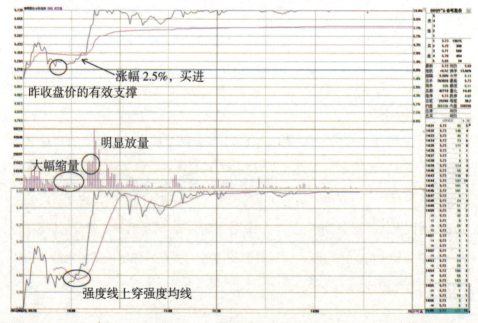

图 3-18

如图 3-18 所示：春晖股份（000976）早盘快速冲高后随即快速回落至昨收盘价处止跌企稳，其间成交量大幅萎缩，表明主力企图通过大幅度的上下震荡来达到洗盘的目的。当盘中再次明显大幅放量，XDQD 指标的强度线上穿强度均线、股价勾头向上时，果断买进，此时涨幅 2.5%，进场风险较低。买进后股价即大幅拉升至涨停板，最终以涨停报收，当日浮盈 7.5%。

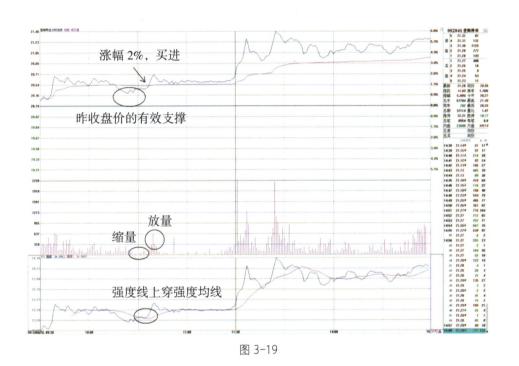

图 3-19

如图 3-19 所示：登海种业（002041）早盘高开高走后逐波下跌，在离均价线较远的价位止跌企稳。注意，在不到支撑处即止跌说明该支撑位更加有效。试想，都知道昨收盘价处会有支撑，如要买进就会在昨收盘价之上填单买进，造成买单欲望不断增强，所以在离均价线较远的地方股价即可止跌，其间成交量大幅萎缩，表明盘中浮筹得到了有效清洗。当再次大幅放量、股价勾头向上时，果断买进，此时涨幅 2%，属于低风险进场点。注意看图 3-19，进场后股价虽然只是小幅拉升，但再也没回到我们的买价，说明这个进场点非常正确。

第九节　盘中上穿均价线的买点

在分时走势图中，均价线作为重要的盘中技术指标之一，具有重要的支撑位和阻力位的作用，股价在盘中上穿均价线时捕捉分时启动点的应用规则如下：

1.股价受到均价线的压制在两次或两次以上。

2.期间成交量逐渐萎缩，表明盘中浮筹得到了有效清洗。

3.股价涨幅小于5%，一般在涨幅两三个点左右，越低越好，过高买入则有追高风险。

4.XDQD 指标的强度线上穿强度均线。

5.股价突破均价线的压制，带量上穿均价线。

6.当符合特征 1、2、3、4、5 时，应果断下单买进。

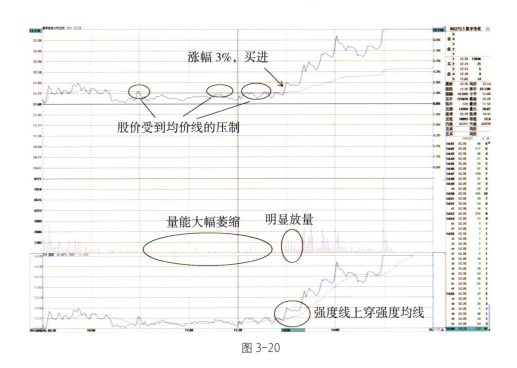

图 3-20

如图 3-20 所示：蓝丰生化（002513）几乎整个上午都在均价线的压制下小幅波动，其间成交量大幅萎缩，当再次大幅放量，股价上穿均价线，关键是 XDQD 指标的走强，强度线上穿强度均线，这说明之前股价一直受到均价线的压制，量能大幅萎缩至地量，都属于主力在压盘震仓、清洗浮筹。当进场信号出现时，不可犹豫，应果断下单买进，此时涨幅 3 个点，股价最终以涨停板收盘，当日浮盈 7%。

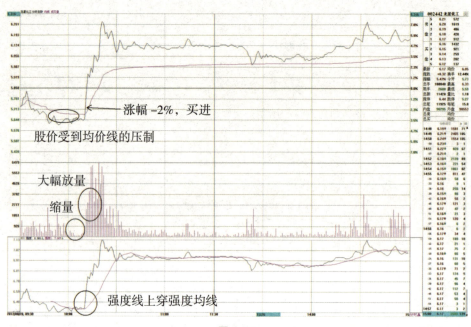

图 3-21

如图 3-21 所示：龙星化工（002442）早盘低开后迅速走高，在昨收盘价处遇阻快速回落，并一路下跌不断创出新低。其间数次遭遇均价线的压制，整个股价走势看起来非常弱，特别是开盘后的拉高再打压创出新低，感觉主力在出逃。我们知道出货阶段的走势形态和震仓洗盘阶段的走势形态非常相似，而有时候主力的震仓洗盘做得非常像在出货，以此来迷惑市场，既可达到洗盘的目的，又可在真正出货时，让市场感觉是在洗盘而从容出逃。仔细看上图，随后的量能大幅萎缩暴露了主力震仓洗盘的真实意图。当 XDQD 指标走强、强度线上穿强度均线时，即可确定之前的走势形态是主力故作弱势，以诱空来清洗浮筹。在大幅放量、股价突破均价线的压制带量上穿均价线时，应快速买进。此时还是绿盘（涨幅 -2%），股价最终以涨幅 5.47% 报收，当日浮盈 7 个多点。

第十节　盘中上穿昨收盘价的买点

在分时走势图中，昨收盘价作为重要的盘中技术指标之一，具有重要的支撑位和阻力位的作用，股价在盘中上穿昨收盘价时捕捉分时启动点的应用规则如下：

1. 股价受到的昨收盘价的压制在两次或两次以上。

2. 期间成交量逐渐萎缩，表明盘中浮筹得到了有效清洗。

3. 股价涨幅小于5%，一般在涨幅两三个点左右，越低越好，过高买入则有追高风险。

4.XDQD 指标的强度线上穿强度均线。

5. 股价突破昨收盘价的压制，带量上穿昨收盘价。

6. 当符合特征 1、2、3、4、5 时，应果断下单买进。

如图 3-22 所示：拓维信息（002261）早盘低开低走后反弹至昨收盘价处受阻回落，其间成交量明显萎缩，值得注意的是，该股虽然下跌，但其跌幅明显小于大盘，这从副图上 XDQD 指标的走势可以看出，在拓维信息受制于昨收盘价的压力而下跌时，其 XDQD 指标的强度线和强度均线都微微向上运行，说明个股走势明显强于大盘。当盘中明显放量、股价上穿昨收盘价时，可果断进场买入。买进后股价即大幅拉升，在午盘临收市前，主力分两波拉升一举将股价封于涨停板，当日浮盈 8.5%。

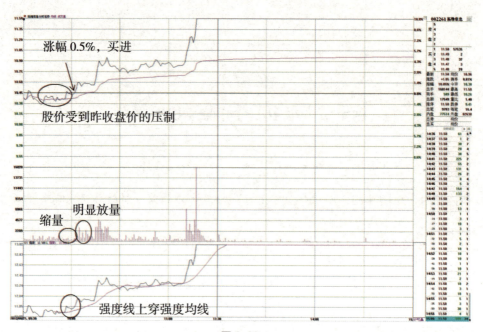

图 3-22

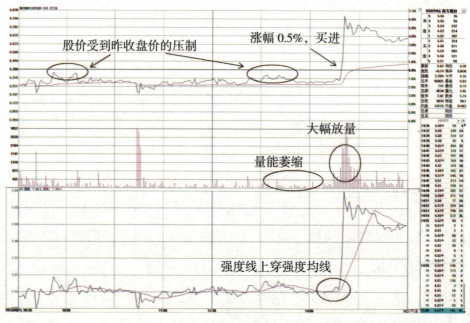

图 3-23

如图 3-23 所示：南方建材（000906）的分时走势图给人的感觉就是突兀、怪异、杂乱无章，但在拉升之前的 10 分钟里还是显露出了一些异动，这些异动有三点：一是股价几乎呈直线运行了 10 分钟；二是在这 10 分钟里成交保持活跃（价格不动，量能却保持活跃，这是控盘较好的表现），这里是看盘的关键，如果成交量清淡，表示该股属于冷门，暂时被市场所遗忘；三是 XDQD 指标的走强，强度线已经上穿强度均线并向上运行。由于该股是笔者在盘中选股时无意发现的，并没有被笔者开发的盘中选股软件所选出，所以只是象征性地买了 1000 股。谁知买进后即大幅拉升，盘中最高涨幅接近 7 个点，尾盘涨幅 3.76% 报收。

第十一节   盘中不创新低

在分时走势图中，股价不创盘中新低时捕捉分时启动点的应用规则如下：

1. 股价虽然下跌，但始终不创盘中新低，其跌幅明显小于大盘。

2. 下跌期间成交量明显萎缩，盘中浮筹清洗干净。

3. 股价涨幅小于 5%，一般在涨幅两三个点左右，越低越好，过高买入则有追高风险。

4. XDQD 指标的强度线虽然下跌，但强度均线却保持向上运行，表明整体走势强于大盘。

5. 当符合特征 1、2、3、4 且股价于盘中大幅放量启动拉升时果断下单买进。

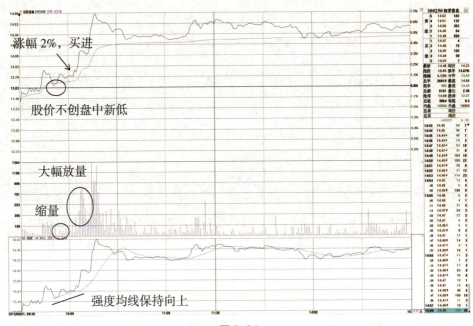

图 3-24

　　如图 3-24 所示：初灵信息（300250）早盘低开高走并上穿昨收盘价后，遇抛盘打压回落。注意看上图，在拉高遇阻时的成交量明显放大，说明盘中抛盘还是挺多，做空能量较大。但下跌至均价线和昨收盘价处即止跌，没创出新低，下跌时成交量明显萎缩，XDQD 指标的强度均线保持向上运行，整个走势明显强于大盘，说明此处主力正在大力承接护盘。当再次大幅放量启动拉升时果断下单买进，此时涨幅两个点，尾盘以涨幅 6.24% 报收，当日浮盈 4.2%。

　　如图 3-25 所示：北方股份（600262）早盘低开后，一直在昨收盘价之下震荡，在大盘下跌时，个股也跟随下跌，但其跌幅明显小于大盘，并没创出新低。其间成交量明显萎缩，XDQD 指标的强度均线保持向上的运行态势，说明股价走势虽然较弱，但整体还是强于大盘，主力正潜伏于盘中伺机拉升。当再次放量启动拉升时，应迅速买进，尾盘以涨幅 2.86 报收，该股涨幅虽小，但

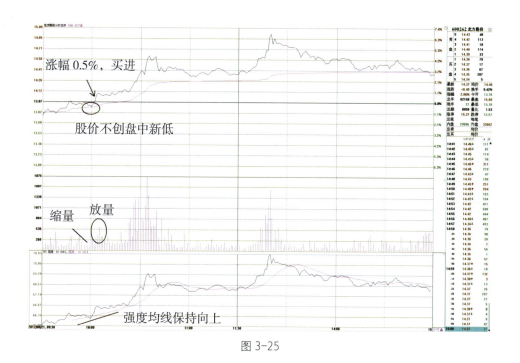

图 3-25

当日账上浮盈也有两个多点。大家不要小看这两个点，如果每天都可以赚到两个点，两个月你的本金就可以翻番了（成功率必须非常高，否则很难实现）。

第十二节　盘中领先新高

在分时走势图中，股价领先创出盘中新高时捕捉分时启动点的应用规则如下：

1. 股价领先大盘上涨，创出盘中新高，其涨幅明显大于大盘。

2. 期间成交量明显放大，价量配合健康。

3. 股价涨幅小于5%，一般在涨幅两三个点左右，越低越好，过高买入则有追高风险。

4. 期间 XDQD 指标的强度线和强度均线都向上运行，形成多头排列，表明此时走势强于大盘，属于强势股。

5. 当符合特征 1、2、3、4 并且股价于盘中大幅放量启动拉升时果断下单买进。

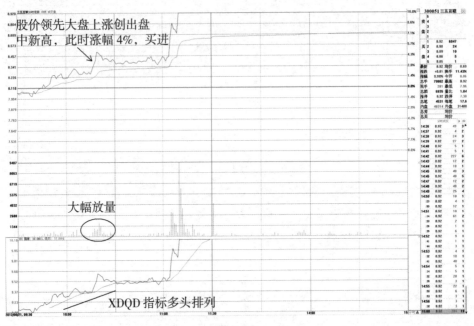

图 3-26

如图 3-26 所示：三五互联（300051）早盘低开后逐步走高，其间大盘也在不断地上涨，XDQD 指标的多头排列说明了个股的涨幅明显大于大盘，在大盘还没创出盘中新高时，个股已经领先创出盘中新高。在 10：20 时三五互联开始大幅放量，创出盘中新高的那一刻，应果断高填买单进场（或以市价单，以确保成交），随后个股在上午收盘之前上封于涨停板直至收盘，当日浮盈 6 个点。

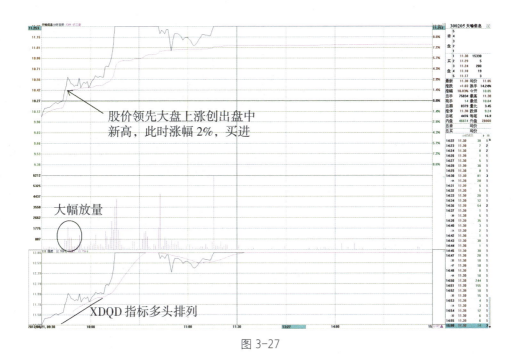

图 3-27

　　如图 3-27 所示：天喻信息（300205）早盘低开高走，并上穿昨收盘价，随即领先大盘创出盘中新高，XDQD 指标的多头排列确认了这一点。在大幅放量、股价于盘中创出新高的那一刻，应果断下单买进，此时涨幅 3%，买进后股价进行了小幅震荡蓄势后，一波拉升封于涨停，当日浮盈 7 个点。

第四章

分时图上经典卖出技法

第一节　均价线之上的卖点

在分时走势图中，股价运行在均价线之上的卖出规则如下：

1.股价在盘中快速拉高或瞬间拉高远离均价线。

2.5分钟乖离率至少大于3，越大越好。

3.期间价量背离或出现天价天量（盘中巨量）。

4.XDQD指标走弱，强度线向下拐头或下穿强度均线，形成空头排列，表明股价走势弱于大盘，属于弱势股。

5.当符合特征1、2、3、4并且股价向下拐头时应果断卖出。

如图4-1所示：

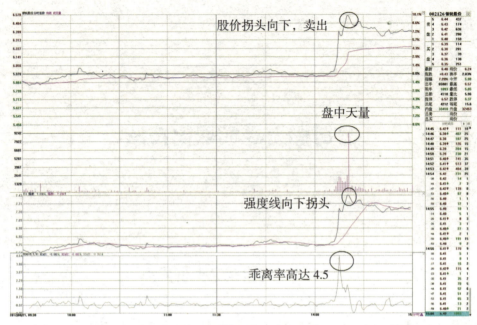

图 4-1

　　银轮股份（002126）在尾盘股价快速大幅拉高，二波拉升至涨停板，注意在涨停板上有大量的抛单涌出，在盘中形成一根巨量，股价远离均价线，其乖离率高达 4.5。涨停板只封住了两分钟，随即被巨量抛单打开，XDQD 指标的强度线向下拐头，呈现出股价即将走弱的态势，在股价拐头向下时应迅速下单卖出。

　　如图 4-2 所示：海亮股份（002203）在午盘收市之前瞬间拉高股价至涨停板（注意：开盘后 15 分钟、上午临收盘前 15 分钟、下午开盘后的 15 分钟、2：00、2：30、临收盘前的 15 分钟这几个时间段是主力出现异动的主要时间点），随即被巨量抛单打开，盘中形成一根天量，股价远离均价线，乖离率高达 5.7。此时 XDQD 指标也开始走弱，强度线向下拐头，当股价也向下拐头时，应果断卖出。

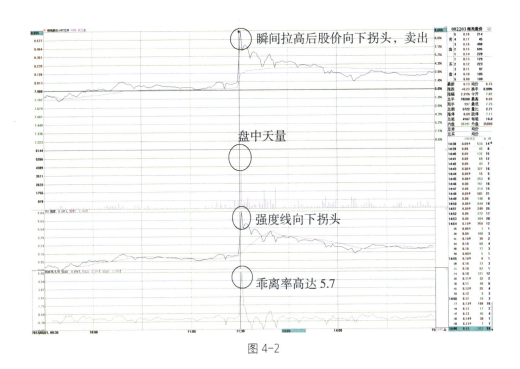

图 4-2

第二节 均价线之下的卖点

在分时走势图中，股价运行在均价线之下的卖出规则如下：

1. 股价在盘中快速拉高或瞬间拉高至均价线处遇阻回落。

2. 股价明显受到均价线的压制。

3. 期间价量背离或出现天价天量（盘中巨量）。

4. XDQD 指标走弱，强度线向下拐头或下穿强度均线，形成空头排列，表明股价走势弱于大盘，属于弱势股。

5. 当符合特征 1、2、3、4 并且股价向下拐头时，不论盈亏都应果断卖出。

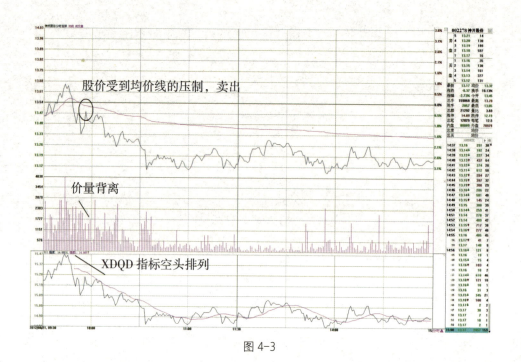

股价受到均价线的压制，卖出

价量背离

XDQD 指标空头排列

图 4-3

如图 4-3 所示：神开股份（002278）早盘冲高回落后，一路下跌创出新低，图中最大一根成交量对应的是当时盘中的最高价，这就是"天价天量"。一般情况下，如果盘中股价能向上突破这个"天价"并站稳在"天价"之上，则说明这个"天价"并不是当天和随后几天中的最高点，股价还有上升潜力；如果盘中股价一直在这个"天价"之下运行，则说明此"天价"为主力减仓行为，当股价再次缩量反弹遇均价线压制并向下拐头且价量背离时，XDQD 指标形成空头排列，不论盈亏都应果断卖出。

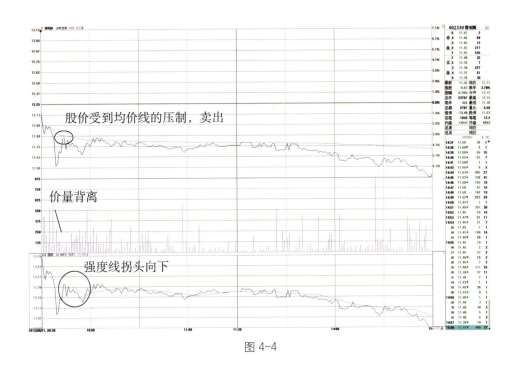

图 4-4

如图 4-4 所示：得利斯（002330）早盘低开低走，快速放量下探，二波下跌接近 7%，随后缩量反弹，当回升至均价线时，明显受到均价线的压制，此时价量背离，XDQD 指标呈空头排列，走势弱于大盘，当股价向下拐头时，不论盈亏都应坚决卖出。

第三节　缠绕均价线的卖点

在分时走势图中，股价缠绕均价线运行的卖出规则如下：

1. 股价较长时间缠绕均价线做横盘震荡。

2.股价放量跌破横盘震荡区间。

3.期间价量背离或出现天价天量（盘中巨量）。

4.XDQD 指标的强度线下穿强度均线，并同时向下运行，形成空头排列，表明股价走势弱于大盘，属于弱势股。

5.当符合特征 1、2、3、4 时，不论盈亏都应果断卖出。

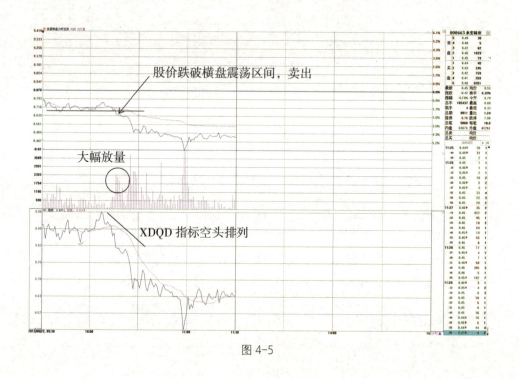

图 4-5

如图 4-5 所示：永安林业（600663）早盘低开低走后，在昨收盘价之下缠绕均价线做小幅横盘震荡，其间上涨缩量、下跌放量，价量明显背离，XDQD 指标的强度线下穿强度均线，并同时向下运行，形成空头排列，明显弱于大盘。当股价再次放量下跌并击穿横盘震荡区间下轨线时，不论盈亏都应坚决卖出。

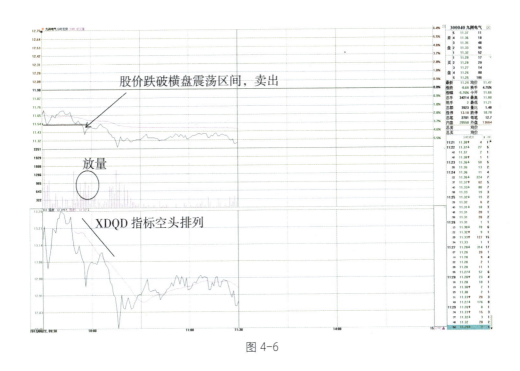

图 4-6

如图 4-6 所示：九洲电气（300040）早盘低开接近两个点，随后缠绕均价线做宽幅横盘震荡，其间成交量总体呈萎缩趋势，但在横盘震荡区间中股价上扬时的成交量却是逐渐缩量，这种形态也是价量背离的特征之一。关键是副图中 XDQD 指标的强度线下穿强度均线，并同时向下运行，形成空头排列，明显走弱于大盘。当股价放量下破震荡区间下轨线时，不论盈亏都应果断卖出。

第四节　昨收盘价之上的卖点

在分时走势图中，股价运行在昨收盘价之上的卖出规则如下：

1.股价在昨收盘价之上快速拉高或瞬间拉高。

2.期间价量背离或出现天价天量（盘中巨量）。

3.XDQD 指标走弱，强度线向下拐头或下穿强度均线，形成空头排列，表明股价走势弱于大盘，属于弱势股。

4.当符合特征 1、2、3 且股价向下拐头时应果断卖出。

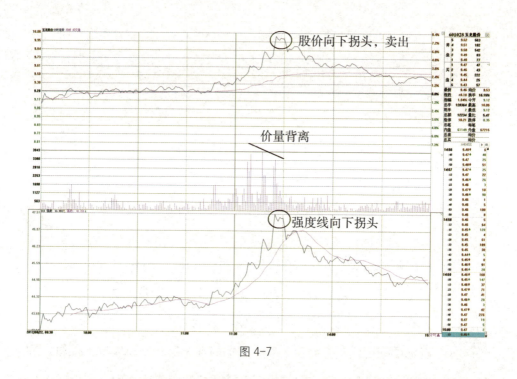

图 4-7

如图 4-7 所示：玉龙股份（601028）整个上午的走势都显得波澜不惊，下午开盘后股价分三波拉高，盘中最高涨幅接近 8 个点，股价在上冲至 10.00 元整数关口时，盘中抛单明显涌出，而且股价涨势一峰比一峰高，但成交量却一波比一波低，说明股价越往上涨，盘中承接意愿越来越低，价量明显背离。当 XDQD 指标的强度线向下拐头、股价也遇阻回落向下拐头时，可果断卖出。

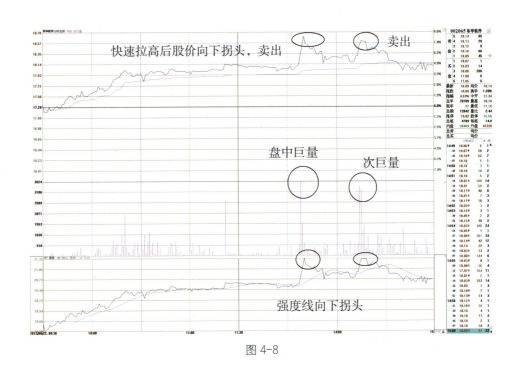

图 4-8

如图 4-8 所示：东华软件（002065）开盘后股价在昨收盘价之上依托均价线一路上攻，盘中走势较为强劲，在 13：35 时出现加速上涨迹象。一般而言，加速迹象（不论是上涨加速还是下跌加速）都是股价即将反转或休整的征兆，此时盘中又出现巨量上涨，形成天价天量（本章第一节对天价天量有过详细描述，在此不赘述），综合判断盘中形成顶部的迹象非常明显。副图中 XDQD 指标的强度线向下拐头，当股价也向下拐头时，应果断卖出。随后股价再次冲高，在接近前高点处拐头向下，同时出现仅次于之前盘中巨量的次巨量上涨，XDQD 指标的强度线也拐头向下，市场又给了我们一次逃顶的机会。大家仔细看图，这两个卖点的市场含义是一样的吗？认真思考后，回答自己，是一样的。

第五节　昨收盘价之下的卖点

在分时走势图中，股价运行在昨收盘价之下的卖出规则如下：

1. 股价低开后，反弹至昨收盘价处遇阻回落，昨收盘价形成明显的压力。

2. 期间价量背离或出现天价天量（盘中巨量）。

3.XDQD 指标走弱，强度线向下拐头或下穿强度均线，形成空头排列，表明股价走势弱于大盘，属于弱势股。

4. 当符合特征 1、2、3 并且股价向下拐头时，不论盈亏都应果断卖出。

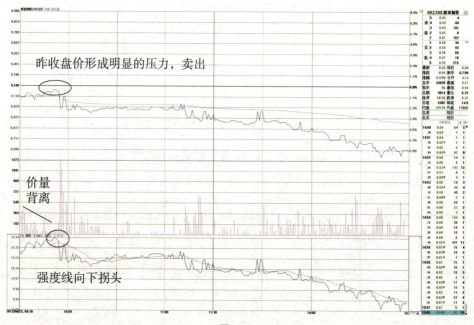

图 4-9

如图 4-9 所示：新亚制程（002388）早盘低开后震荡走高，当回升至昨收盘价处遇阻回落，昨收盘价形成有力的压制，在股价回升期间成交量反而萎缩，形成了价量背离的走势。XDQD 指标的强度线也拐头向下，走势明显弱于大盘，此时不论账上是盈是亏都要果断卖出。

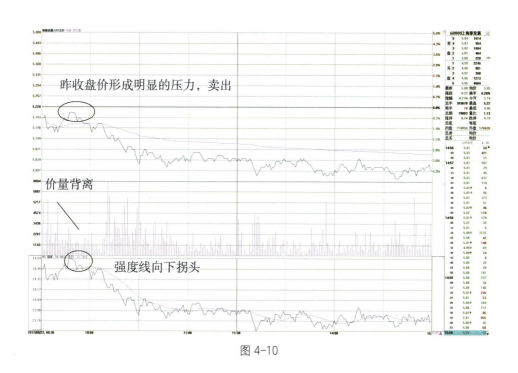

图 4-10

如图 4-10 所示：海泰股份（600082）早盘低开低走创出新低后，反弹回升并创出盘中新高，但上冲至昨收盘价处遇阻回落，昨收盘价形成明显的压力。股价在回升期间，量能萎缩，形成价量背离。当 XDQD 指标的强度线向下拐头、股价也向下拐头时，应坚决卖出。

第六节　缠绕昨收盘价的卖点

在分时走势图中，股价缠绕昨收盘价运行的卖出规则如下：

1. 股价较长时间缠绕昨收盘价做横盘震荡。

2. 股价放量跌破横盘震荡区间。

3. 期间价量背离或出现天价天量（盘中巨量）。

4. XDQD 指标的强度线下穿强度均线，并同时向下运行，形成空头排列，表明股价走势弱于大盘，属于弱势股。

5. 当符合特征 1、2、3、4 时，不论盈亏都应果断卖出。

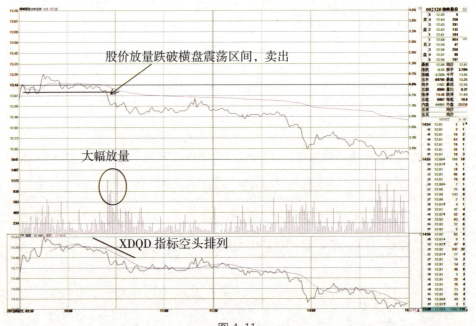

图 4-11

如图 4-11 所示：海峡股份（002320）早盘小幅低开后上冲昨收盘价，但没站稳在昨收盘价之上，随后小幅回落，并较长时间缠绕昨收盘价做横盘震荡。在上午 10：20 左右股价大幅放量下破横盘震荡区间下轨支撑位，XDQD 指标形成空头排列，表明该股走弱于大盘，当股价放量下跌时，应果断卖出。

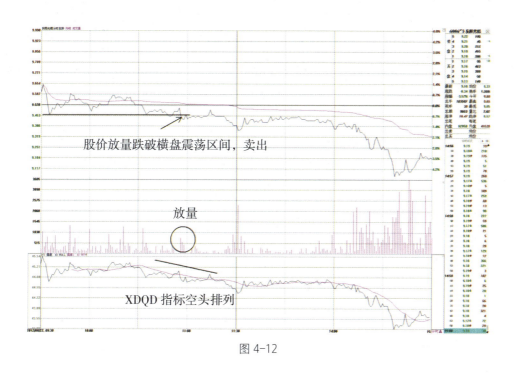

图 4-12

如图 4-12 所示：东阳光铝（600673）早盘小幅高开后快速下探，随后缠绕着均价线和昨收盘价做宽幅震荡，其间成交量不见萎缩，反而上涨缩量、下跌放量，形成价量背离，XDQD 指标形成空头排列。当股价放量跌破横盘震荡区间时，不论盈亏都应果断卖出。

第七节　盘中不突破均价线的卖点

在分时走势图中，均价线作为重要的盘中技术指标之一，具有重要压力位的作用，股价在盘中不突破均价线的卖出规则如下：

1.股价下跌反弹后明显遇到均价线的有效压制。

2.反弹期间价量背离或出现天价天量（盘中巨量）。

3.XDQD 指标走弱，强度线向下拐头或下穿强度均线，形成空头排列，表明股价走势弱于大盘，属于弱势股。

4.当符合特征 1、2、3 并且股价向下拐头时，不论盈亏都应果断卖出。

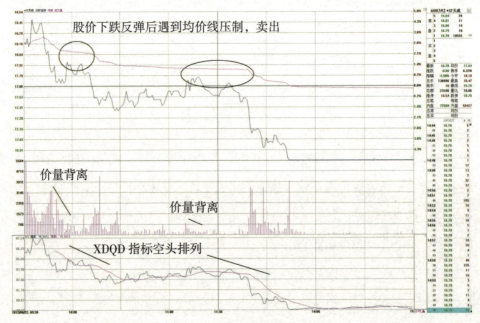

图 4-13

如图 4-13 所示：*ST 天成（600392）早盘高开高走，在盘中作出小双头后快速放量下跌，明显有资金在出逃。在股价反弹回升时，成交量却逐渐减少，形成价量背离的走势。在反弹不到均价线时，股价即遇阻拐头向下，此时的 XDQD 指标也形成空头排列，说明股价是主动性下跌，其跌幅明显大于大盘，属于典型的弱势股。此时不论盈亏都应毫不犹豫地卖出手中持股，卖出后股价大幅下跌。午盘收市之前，股价反弹至均价线处又遇阻回落，其间价量背离，XDQD 指标空头排列。当股价再次向下拐头时，也应坚决卖出，股价最终以跌停报收。

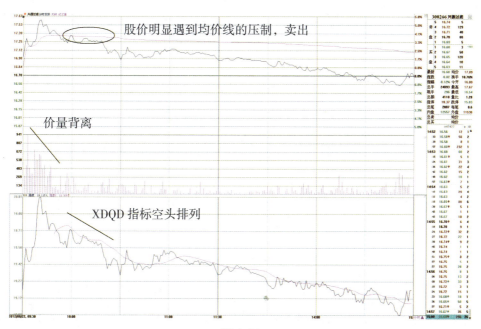

图 4-14

如图 4-14 所示：兴源过滤（300266）早盘高开高走，分两波上涨至 16.67 元，涨幅接近 6%，看似气势挺强，但成交量还是暴露了股价上涨势头的虚弱。股价在上涨，量能却逐渐减少，说明盘中追高意愿不强，如果没有后续的成交量支持，股价很可能反转向下。随后量能继续萎缩，股价逐步走低，并跌破均价线，在反弹上冲均价线时，明显遇到均价线的压制，XDQD 指标也形成空头排列，当股价拐头向下时，不论盈亏都应果断卖出。

第八节　盘中不突破昨收盘价的卖点

在分时走势图中，昨收盘价作为重要的盘中技术指标之一，具有重要压力位的作用，股价在盘中不突破昨收盘价的卖出规则如下：

1. 股价下跌反弹后明显遇到昨收盘价的有效压制。

2. 反弹期间价量背离或出现天价天量（盘中巨量）。

3. XDQD 指标走弱，强度线向下拐头或下穿强度均线，形成空头排列，表明股价走势弱于大盘，属于弱势股。

4. 当符合特征 1、2、3 且股价向下拐头时，不论盈亏都应果断卖出。

如图 4-15 所示：南方汇通（000920）开盘后迅速走低，在昨收盘价之下小幅震荡，其间二次上攻昨收盘价，都无功而返，显示出昨收盘价处的压力非常明显。在股价上攻时量能却萎缩，形成价量背离，当 XDQD 指标的强度线拐头向下、股价也向下拐头时，不论盈亏都要果断卖出。

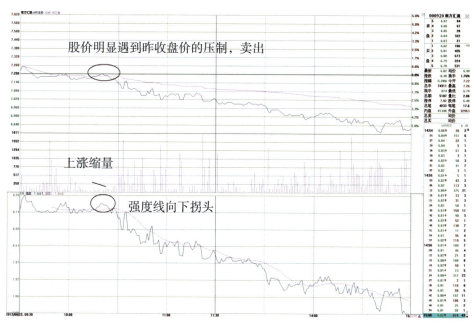

股价明显遇到昨收盘价的压制，卖出

上涨缩量

强度线向下拐头

图 4-15

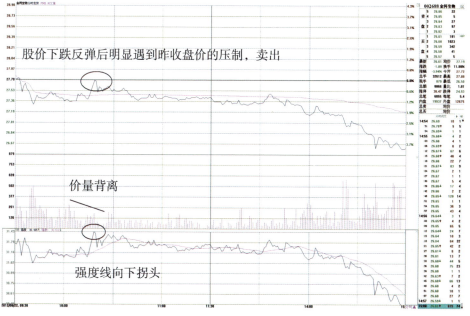

股价下跌反弹后明显遇到昨收盘价的压制，卖出

价量背离

强度线向下拐头

图 4-16

如图 4-16 所示：金河生物（002688）早盘平开后迅速放量下跌，明显感觉资金在出逃。在均价线和昨收盘价之下小幅震荡休整后，股价开始反弹，但成交量始终没能跟上，出现价涨量缩。形成价量背离的走势，在昨收盘价处受阻回落，XDQD 指标的强度线也拐头向下，表明此时股价走势弱于大盘。当股价拐头向下时，不论盈亏都要坚决卖出。

第九节　盘中下穿均价线的卖点

在分时走势图中，均价线作为重要的盘中技术指标之一，具有重要压力位的作用，股价在盘中下穿均价线的卖出规则如下：

1. 股价向下运行或横盘震荡后有效跌破均价线。

2. 股价向下跌破均价线时明显放量。

3.XDQD 指标走弱，强度线向下拐头或下穿强度均线，形成空头排列，表明股价走势弱于大盘，属于弱势股。

4. 当符合特征 1、2、3 时，不论盈亏都应果断卖出。

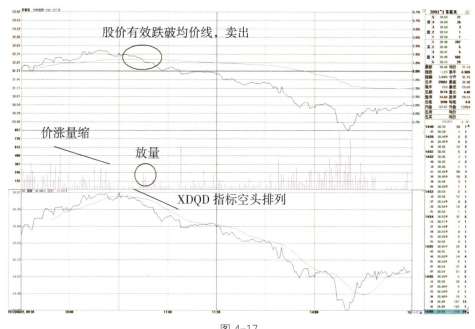

图 4-17

　　如图 4-17 所示：东富龙（300171）开盘后走势稳健，股价和 XDQD 指标同步上行，表明股价强于大盘，属于主动性上涨。但随后风云突变，股价放量下跌，并有效击破均价线，而 XDQD 指标也同时拐头向下，强度线下穿强度均线，形成空头排列。仔细看上图，我们发现在东富龙早盘上升的过程中，成交量却逐渐减少，形成价量背离。原来在上涨的过程中主力已做好了撤退的准备，在逐步减仓，早盘的上涨不过是主力的诱多行为。待手中筹码卖得差不多时，即露出真面目，开始放量出逃。当股价有效跌破均价线时，不论盈亏都要坚决卖出离场。

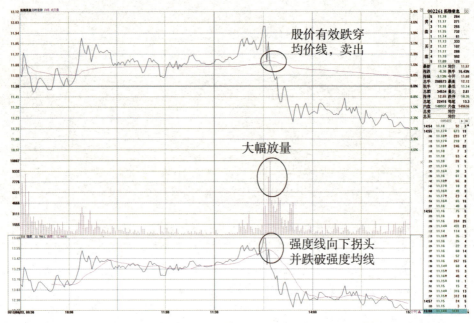

图 4-18

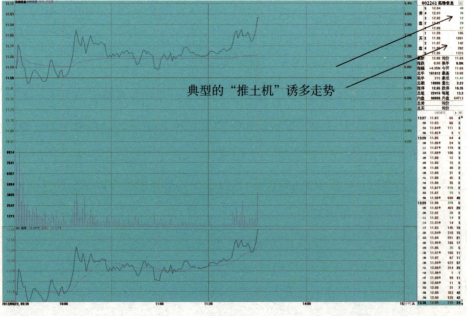

图 4-19

如图 4-18、图 4-19 所示：拓维信息（002261）盘中走势上蹿下跳，在下午开盘后主力作出向上突破的形态，引诱散户追进，盘口数据显示，买一至买五上都挂着三到四位数的买单，而卖一至卖五上都只有二位数的卖单，这是典型的"推土机"走势。这多半是资金实力不足的机构或个人大户的诱多行为，此时不仅不能买入，而且要时刻提防主力反手。当下面的买盘越来越多时（里面除了主力的挂单外，还有很多市场上的单子，因为看到股价已突破阻力创出新高，很多散户会挂单买进），主力突然反手做空，一举打掉下档所有的接盘，以迅雷不及掩耳之势（以免散户撤单）将散户的接单一网打尽。当股价放量下穿均价线、XDQD 指标的强度线向下拐头时，不论盈亏都应果断卖出。

第十节　盘中下穿昨收盘价的卖点

在分时走势图中，昨收盘价作为重要的盘中技术指标之一，具有重要压力位的作用，股价在盘中下穿昨收盘价的卖出规则如下：

1.股价向下运行或横盘震荡后有效跌破昨收盘价。

2.股价向下跌破昨收盘价时明显放量。

3.XDQD 指标走弱，强度线向下拐头或下穿强度均线，形成空头排列，表明股价走势弱于大盘，属于弱势股。

4.当符合特征 1、2、3 时，不论盈亏都应果断卖出。

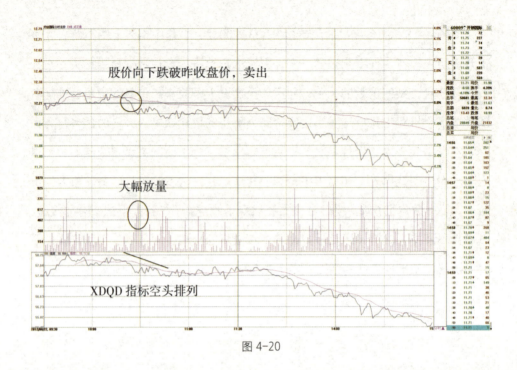

图 4-20

如图 4-20 所示：开创国际（600097）早盘小幅走高后缠绕着均价线上下震荡，XDQD 指标的强度线下穿强度均线，并同时向下运行，形成空头排列。当股价放量下破昨收盘价时，不论盈亏都要坚决卖出。

如图 4-21 所示：广汽集团（601238）早盘小幅走高后，随即放量下跌，并有效跌破昨收盘价，而且 XDQD 指标也呈空头排列，此时不论盈亏都要果断卖出。

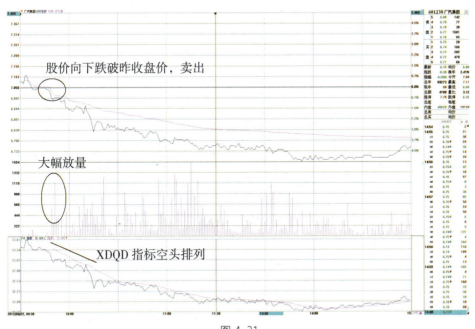

图 4-21

第十一节　盘中不创新高

在分时走势图中，股价不创盘中新高的卖出规则如下：

1. 股价虽然上涨，但始终不创盘中新高，其涨幅明显小于大盘。

2. 上涨期间价量背离或出现天价天量（盘中巨量）。

3. XDQD 指标走弱，强度线向下拐头或下穿强度均线，形成空头排列，表明股价走势弱于大盘，属于弱势股。

4. 当符合特征 1、2、3 并且股价向下拐头时，应果断卖出。

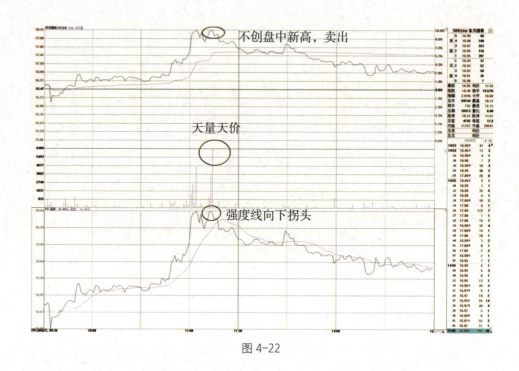

图 4-22

　　如图 4-22 所示：东方国信（300166）早盘快速下探后企稳回升，一举突破均价线和昨收盘价，并站稳在均价线之上做窄幅震荡。其间量能大幅萎缩，XDQD 指标多头排列，当股价放量上攻时，可迅速买进。此时涨幅 2%，至收盘时涨幅 2.9%，去掉交易成本，基本持平。这是盘中出现的买点，在此顺带说明一下，持有该股的投资者，在股价上冲涨停板第一次被抛单打开时，可暂时持股观望。当盘中第二次打开涨停板时，出现天价天量，XDQD 指标的强度线也拐头向下，此时应迅速卖出，不可犹豫。

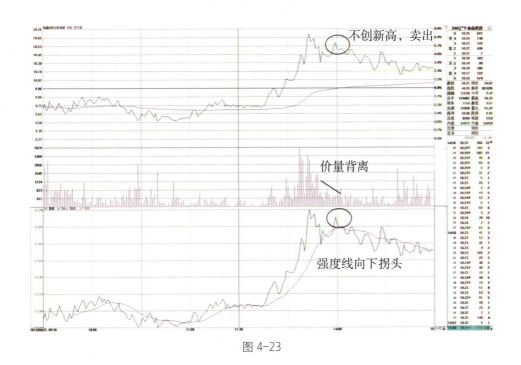

图 4-23

　　如图 4-23 所示：和晶科技（300279）在下午开盘后也出现了在均价线之
上捕捉分时启动点的买入点，大家可自己看图研习。股价最高上涨了接近 8 个
点，仔细看上图，在股价拉升过程中，成交量呈逐步减少的态势，形成了价量
背离的走势。当冲高至 8 个点附近时，股价远离均价线，乖离率拉大，XDQD
指标的强度线拐头向下，此时可运用股价在均价线之上的卖出规则来实现逃顶。
而本小节所讲解的股价不创盘中新高的卖出点相当于再次高位卖出，在股价再
次上冲没能越过前高点，上涨缩量，下跌放量，再次形成价量背离，XDQD 指
标的强度线再次拐头向下，当股价也向下拐头时，应果断卖出。

第十二节　盘中领先新低

在分时走势图中，股价领先创出盘中新低的应卖出规则如下：

1. 股价领先大盘下跌创出盘中新低，其跌幅明显大于大盘。

2. 下跌期间明显放量。

3. XDQD 指标走弱，强度线向下拐头或下穿强度均线，形成空头排列，表明股价走势弱于大盘，属于弱势股。

4. 当符合特征 1、2、3 并且股价向下创出盘中新低时，不论盈亏都应果断卖出。

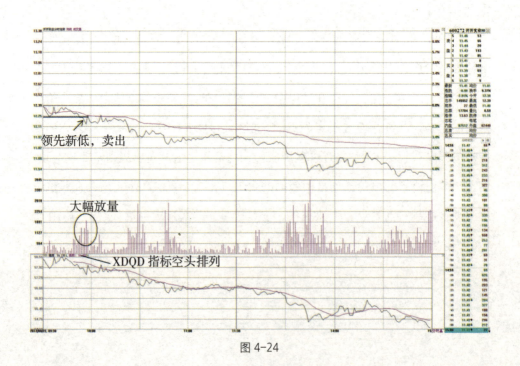

图 4-24

如图 4-24 所示：开开实业（600272）早盘平开低走后数次上攻昨收盘价都无功而返，当股价选择放量向下突破，领先大盘创出新低，XDQD 指标也呈空头排列，说明股价走势弱于大盘，此时不论盈亏都要果断卖出。

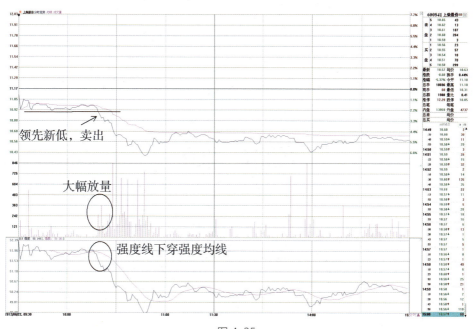

领先新低，卖出

大幅放量

强度线下穿强度均线

图 4-25

如图 4-25 所示：上柴股份（600841）早盘低开低走后缠绕均价线小幅震荡，其间量能大幅萎缩，但 XDQD 指标却走横，说明股价走势和大盘一致，属于同步于大盘股。在股价放量下穿横盘震荡的区间下轨线，同时 XDQD 指标的强度线也下穿强度均线时，不论盈亏都要果断卖出。

微信扫码添加同花顺陪伴官小顺
获取更多图书增值服务

第五章

分时图上的形态买入技法

第一节　均价线的支撑

均价线的支撑是指均价线支撑着股价线不往下跌的走势。均价线的支撑分为接近式、相交式、跌破式三种。

接近式支撑是指股价线横向波动或微微向下运行到均价线附近时就反弹。

相交式支撑是指股价线由上向下运行与均价线由下向上相交的走势。

跌破式支撑是指股价线向下跌破均价线后，在较短时间里，又被拉回至均价线之上的走势。

操盘技巧：

1. 在第二次支撑时做多。在第一次支撑出现后，如果股价涨势平缓，没有出现急涨的走势（涨幅没有超过 3%），随后出现的第二次和第三次支撑走势，均可放心买入。在第一次支撑出现后，如果股价大幅拉高，涨幅超过 3%，此后出现的支撑，应该谨慎或放弃。

2. 在操作均线支撑时，应该审视该股中长线的走势是否有获利空间，有获利空间的股票才可操作。

如图 5-1、图 5-2、图 5-3 所示。

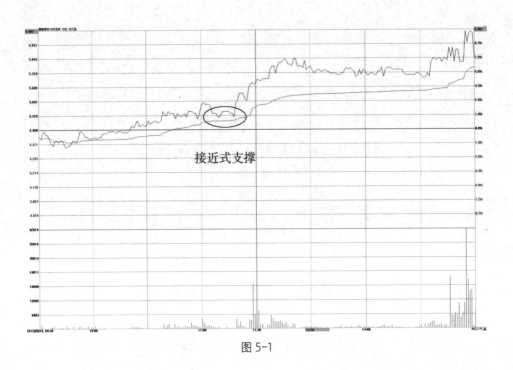

接近式支撑

图 5-1

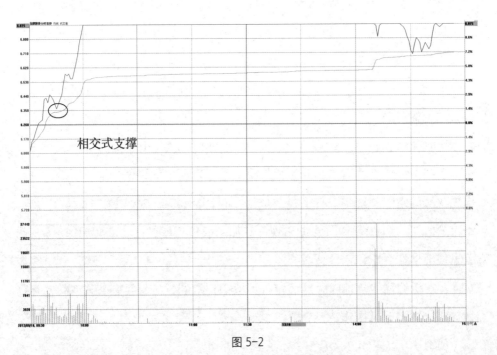

相交式支撑

图 5-2

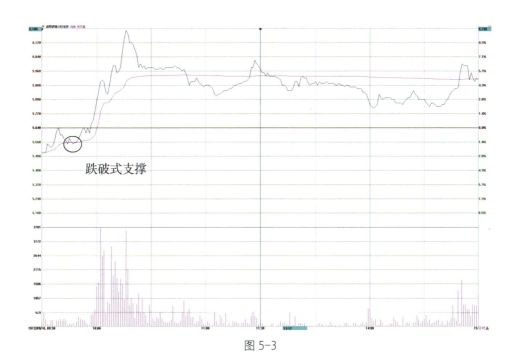

图 5-3

第二节　突破整理平台

突破整理平台是指股价线向上突破前面横向整理期间形成的平台。

走势特征：

1. 股价线必须在某一价位做一较长时间的横向整理，走势时间一般不少于半小时。

2. 股价线应贴近均价线波动，波动的幅度较小，所形成的高点大体处在同一水平线上。

3. 均价线在整理期间基本是一条水平线，无明显的波折。

4.股价线必须向上越过平台的最高点。

操盘技巧：

1.必须设好止损点，以防止假突破。

2.在一个交易日中，会出现多个"突破整理平台"的走势：第一个"突破整理平台"出现时，应该第一时间买入；第二个"突破整理平台"出现时，如果涨幅不大，也可买入；第三个"突破整理平台"出现时，应杜绝买入。

如图 5-4、图 5-5 所示。

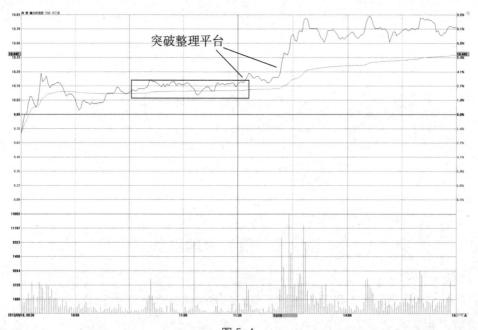

图 5-4

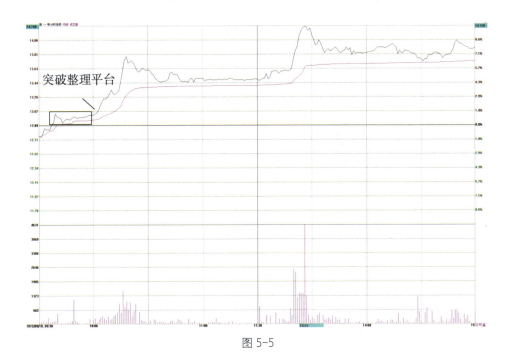

图 5-5

第三节　开盘后急跌

开盘后急跌是指股价开盘后在较短的时间内大幅下跌的走势。

操盘技巧：

1. 不要把急跌到最低点当作是最佳买点，最佳买点应是最低点出现后股价线向上勾头时的价位（因为低价后还有更低价）。

2. 开盘就跌停的股票，只要股质好，下跌放量，跌停后又打开时，可以买进。

3. 有时会出现两次或多次低点，只要后面的低点没破前一次低点，就可持股，但要设好止损点。

如图 5-6、图 5-7 所示。

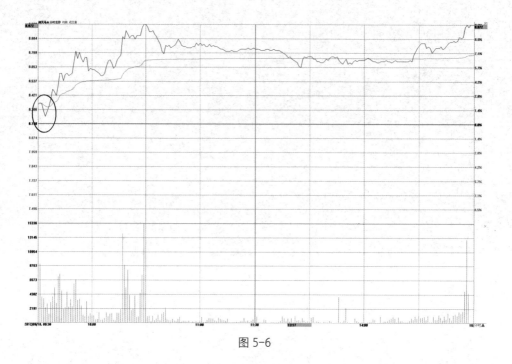

图 5-6

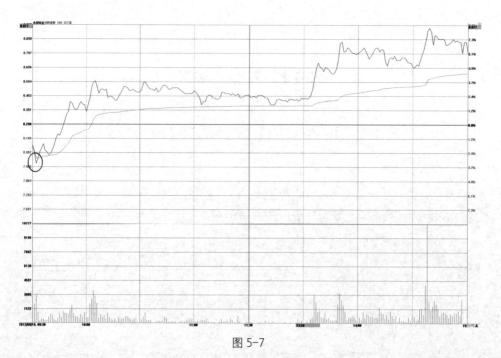

图 5-7

第四节　"V"字形尖底

"V"字形尖底是指股价急跌后被快速拉起，股价线形成一个"V"形态。

走势特征：

1. 该形态的出现可以是在开盘后，也可以是在盘中，随后出现急跌的走势。

2. 该形态最低点的跌幅不能少于 3%，低点停留的时间不能超过 3 分钟。

3. 该形态形成前，股价线应一直处在均价线之下。

操盘技巧：

1. 该形态的底部低点，必须涨幅为负值，且下跌的幅度必须大于 2%。（下跌的幅度越大，则收益就越大）。

2. 要注意该形态的股价线与均价线之间的距离。较理想的是股价线与均价线之间距离（乖离率）必须小于 0.5%。距离越大，则收益就越大。

如图 5-8、图 5-9 所示。

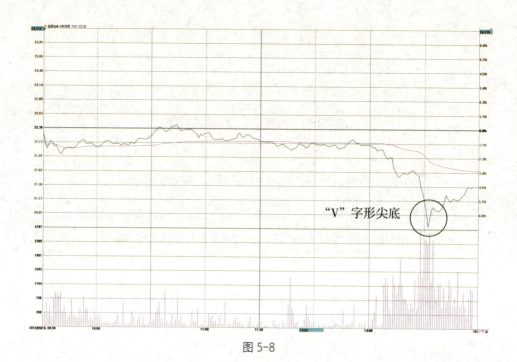

图 5-8

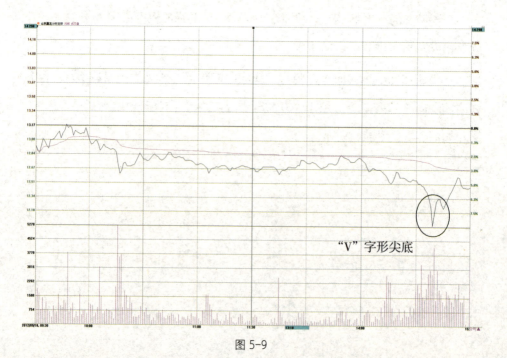

图 5-9

第五节　双平底形态

双平底是指股价经过一段时间下跌后,在低位出现了两个相同数值的低点,这两个低点,就叫双平底。

走势特征:

1.股价下跌的幅度较大,一般要大于 2%。

2.两个底部的底点应为相同数值(第二个底略高于前一个底也可以,但绝不能低于前一个底)。

3.当第二个底出现后,股价线必须反转向上,且要超过均价线或颈线位,此时才是双平底。

操盘技巧:

1.双平底最低价处有两个买点:第一个买点是第二个底部出现后,股价线与均价线的交叉点;第二个买点是股价线向上突破颈线位的位置。

2.双平底形成时,股价线必须始终处在均价线之下,即第一个底部与第二个底部之间的股价线,不能向上穿越均价线。也就是说,两个的低点及两底之间的颈线位高点,均只能处在均价线之下。

3.双平底有小双平底和大双平底,均可做多。

如图 5-10、图 5-11、图 5-12 所示。

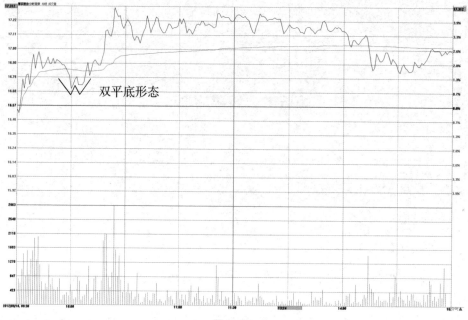

图 5-10

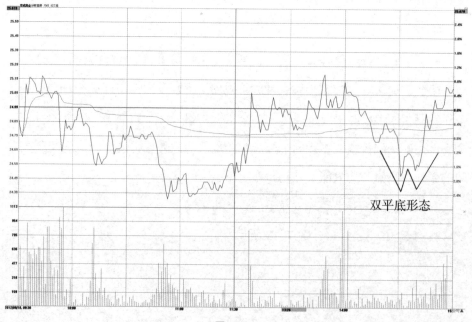

图 5-11

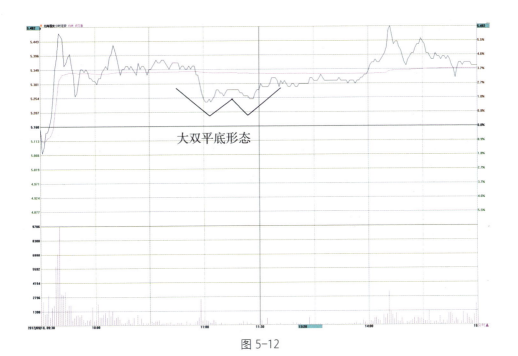

图 5-12

第六节　三平底形态

三平底形态是股价线经过一段时间深跌后，先后出现了三个处在同一水平线上的低点，这三个低点，叫三平底。

走势特征：

1. 该形态形成前，股价必须是下跌走势，下跌的幅度一般要大于 2%。

2. 该形态形成时，股价线必须始终处在均价线之下，中途不能有超过均价线的走势，特别是超过颈线位的高点，不能超越均价线。

操盘技巧：

1. 三平底最低价处有两个买点：第一个买点是在低位出现三平底后股价线与均价线的交叉点；第二个买点是股价线向上突破颈线位时买入，前提是颈线位低于均价线。

2. 该形态的股价线与均价线之间的距离。股价线与均价线相距较近时形成的三平底，不能操作。较理想的是股价线与均价线之间距离较大（乖离率必须小于 0.5%）。距离越大，则收益就越大。

3. 开盘后股价线下跌的幅度超过 1.5% 时，此时形成的三平底较为可靠。

4. 依据事不过三的原则，如果出现三次三平底，第三次是最可靠的。

5. 在一波三折出现后的三平底是最为可信的信号，可放心操作。

如图 5-13、图 5-14 所示。

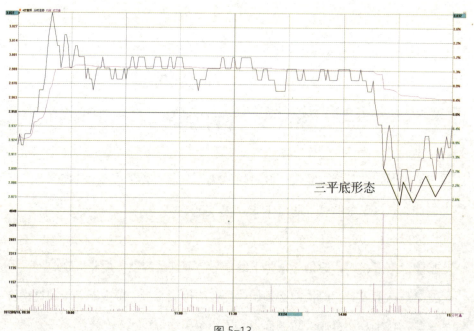

图 5-13

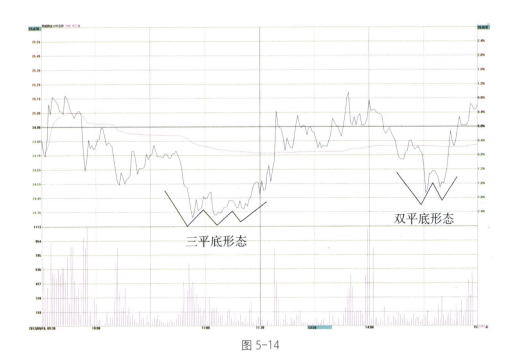

图 5-14

第七节　步步高形态

步步高形态是指股价经过一段下跌后，在低位形成多个底部，且一个高于一个。

走势特征：

1. 该形态形成前，股价必须有一段较深的下跌走势，下跌的幅度要大于 2%。

2. 股价线一直处在均价线之下，中途不能有上穿均价线的走势。

3. 多个底部的低点只能是小幅的抬高，后面低点相比前面低点的总升幅不能高过 5%。

操盘技巧：

1. 最低价处有两个买点：第一个买点是后面的低点形成后股价线向上穿均价线时的交叉点；第二个买点是股价线向上突破颈线位时，前提是股价线离均价线较远，且颈线位低于均价线。

2. 这里的步步高形态指的是股价线处在均价线之下，而且是股价线还没有上升到均价线之前形成的。

3. 标准的步步高形态是底部一个比一个高。非标准的步步高形态可允许前面的几个低点相同，但最后的低点必须比前面的高。

如图 5-15、图 5-16 所示。

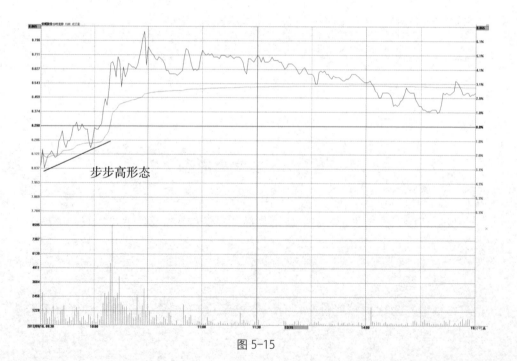

图 5-15

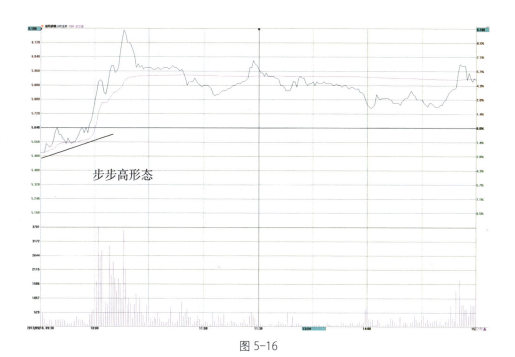

步步高形态

图 5-16

第八节 对称性涨跌

对称性涨跌是指开盘后股价在短时间内大幅上涨，达到某一高度后（上涨大于 2%），股价在短时间内突然向下，跌幅等于前面上涨的幅度。

操盘技巧：

1. 股价上涨幅度必须大于 2%。

2. 涨跌幅度大致相等（上涨的幅度等于下跌的幅度）。

3. 必须在上午出现时才能操作，下午出现时不可买入。

4. 必须注意股价的当前位置，如在高位，不适合操作。

5. 止损点设在下跌点价位以下 3% 处。

如图 5-17、图 5-18 所示。

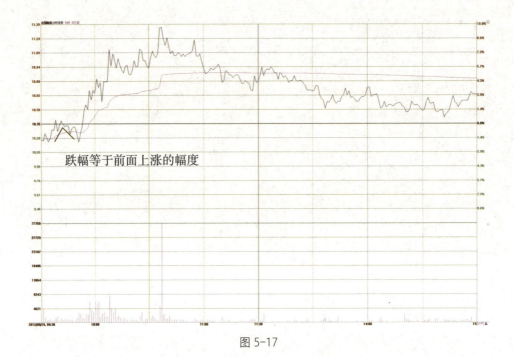

图 5-17

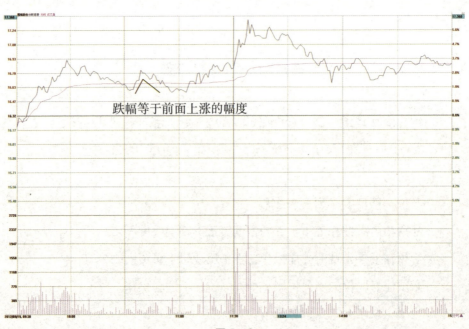

图 5-18

第九节　突破前期高点

突破前期高点是指股价在上升途中超越前期高点的走势。（分为突破本波行情中的高点和突破前期行情中的高点）

操盘技巧：

1.在超过前期波峰的高点时，第一次、第二次突破前高时，可以放心做多。第三次要小心了，因为此时价位已高，获利盘的抛压较重。

2.要注意日线图的走势。只有在日线图处于上升趋势且价位不高时，才可放心做多。如果股价在盘整和下跌趋势中的高位时，则应在第三次突破前高时平仓或反手做空。

如图 5-19、图 5-20、图 5-21 所示。

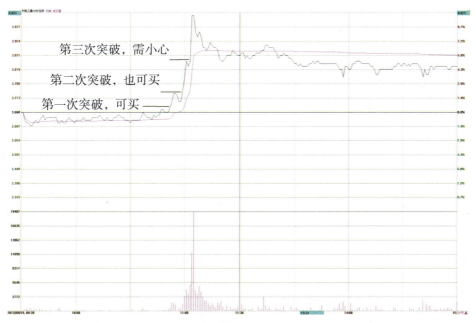

图 5-19

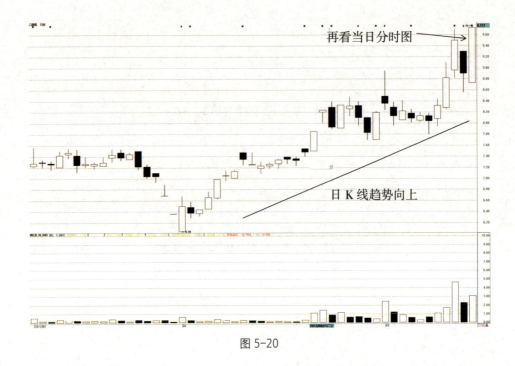

图 5-20

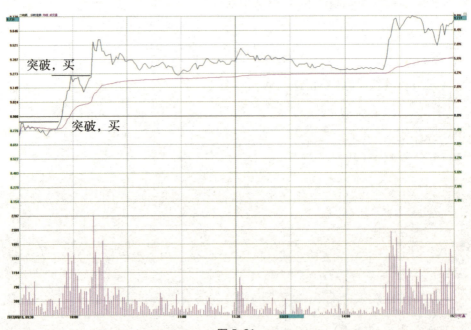

图 5-21

第十节　一波三折

一波三折是指股价线在一段下跌或上涨行情中，出现的三个下降或三个上升的波浪。一个波浪称为一折，三个波浪就是三折。该形态是判断行情是否见底或见顶的航标性指标。

走势特征：

1.要有明显的三个波动的走势形态。

2.三折的总波幅不能少于3%，波动的幅度越大，买进的收益就越大。

3.三折只能在同一波段中出现，不能跨波段（即股价线跌破均线后的一段下跌走势，或向上突破均线后的一段上涨走势）。

4.下降中的一波三折，显示的是做多信号，第三折出现时是最佳买点。

5.上涨中的一波三折，显示的是做空信号，第三折出现时是最佳卖点。

操盘技巧：

1.操作下降中的一波三折，注意买进时的风险。最佳买点是第三折出现后，股价线刚勾头向上的第一档价位。

2.操作下降中的一波三折，注意最好分批买入，待股价上穿均价线时再加仓买入。

3.操作上涨中的一波三折，主要是平多仓或开空仓，不能做多。最佳卖点是第三折出现后，股价线刚掉头向下的第一档价位。

4.操作一波三折，不论是下降趋势还是上升趋势中的一波三折，总升幅或总跌幅都不应少于3%，不满足这点，不能操作（新手需更加小心）。

如图5-22、图5-23所示。

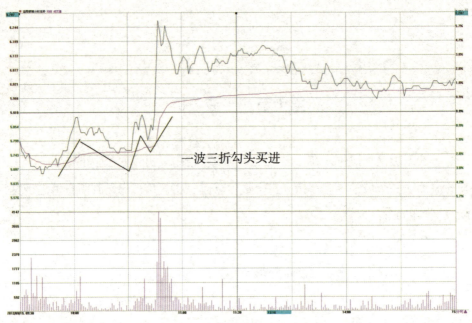

图 5-22

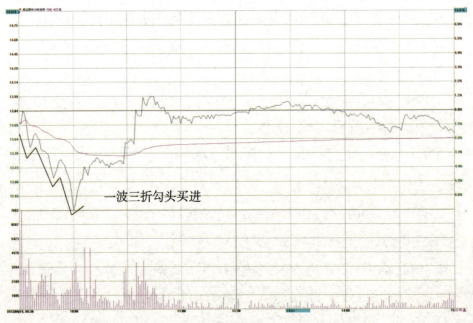

图 5-23

第十一节 头肩底形态

头肩底形态是一种经典的反转形态，是在行情下跌末期时出现的看涨形态，以左肩、底、右肩及颈线形成。三个波谷成交量逐步放大，有效突破颈线阻力后，形态形成，股价反转高度一般都大于颈线与最低点之间的垂直高度。

走势特征：

在分时图下跌行情中，做空的力量不断打压股价连创新低，由于已有一定的跌幅，股价出现短期的反弹，但反弹时成交量并未相应放大，主动性买盘不强，并受到下降趋势线的压制，这就形成了左肩；接着股价又再次增量下跌且跌破左肩的最低点，之后随着股价继续下跌，其成交量和左肩相比有所减少，说明下跌动力有所减小，之后股价反弹，成交量比左肩反弹阶段时放大，突破下降趋势线，形成底部；当股价回升到左肩的反弹高点附近时，出现第三次的回落，这时的成交量明显少于左肩和底部，股价回跌至左肩的低点水平附近时，下跌逐渐企稳，形成右肩；最后股价正式发动一次升势，伴随成交大量增加，有效突破颈线阻挡，成交更是显著上升，整个形态便宣告完成。一波较大涨势即将来临。

操盘技巧：

1. 最佳买点是在股价线上穿颈线位时买进。

2. 头肩底有标准和非标准两种形态。

如图 5-24、图 5-25 所示。

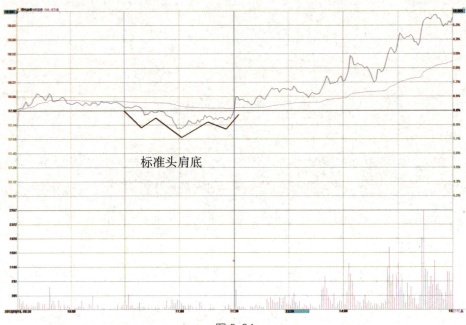

图 5-24

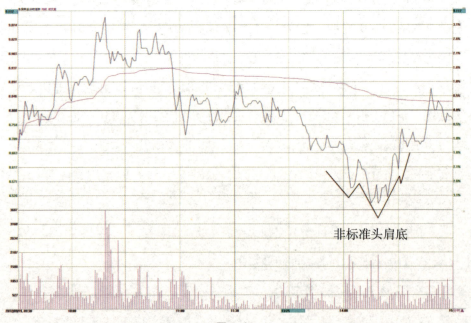

图 5-25

第十二节　涨停板打开时买入

操盘技巧：

1.涨停板被打开时的下跌幅度绝不能大于 1%，大于 1% 通常是主力的派发行为。

2.涨停板被打开时应该且必须在短时间内再次被封住，从打开到被封住的时间不能超过 3—5 分钟。

3.盘中的涨停板不能被多次打开。否则，第二天应该考虑卖出。

4.应该审视该股中长线的走势，是否有获利的空间，有获利空间的股票，方可操作。

5.必须综合各项指标来研判是否可以买入，并设好止损点。

如图 5–26、图 5–27 所示。

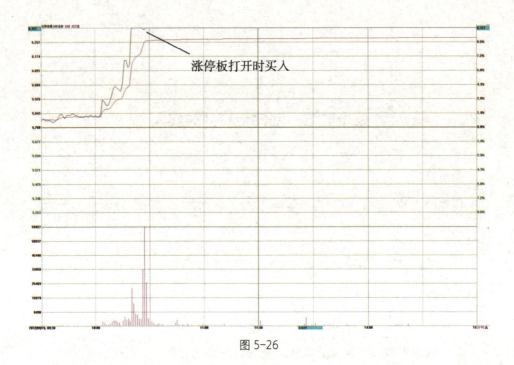

涨停板打开时买入

图 5-26

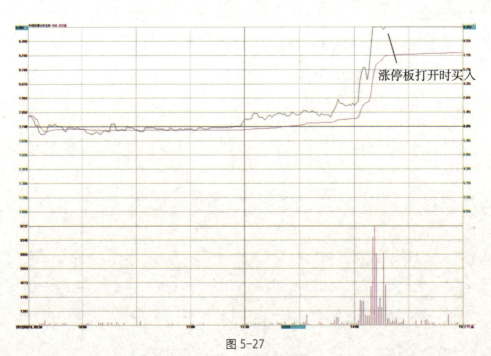

涨停板打开时买入

图 5-27

第十三节 突破昨收盘线

突破昨日收盘线是指股价线由下向上波动到昨天的收盘线的上方。

操盘技巧：

1. 必须关注当天的开盘情况，只有当日是低开，特别是开盘后至股价线上穿昨收盘线之前的这段时间里，股价线必须始终处在昨收盘线之下。

2. 先高开再跌破昨收盘线、再回升到昨收盘线上时，不太适合操作，需小心提防假突破。

3. 避免在开盘后深跌后的突破时买进，这种情况很容易买到当日最高点。

如图 5-28、图 5-29 所示。

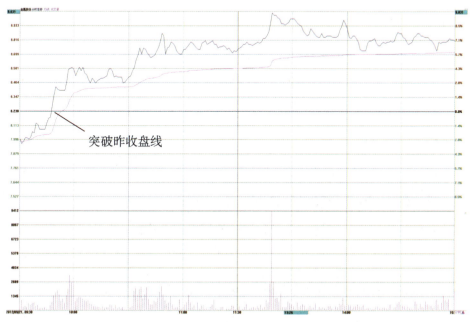

图 5-28

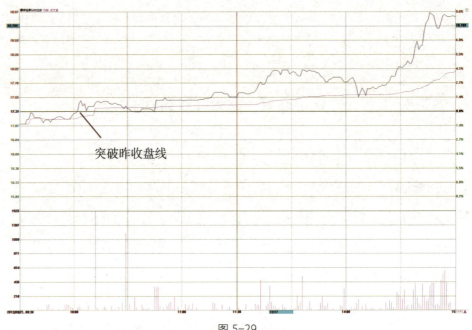

突破昨收盘线

图 5-29

第十四节　量比突破买入法

量比突破买入法是指在股价和量比指标同时突破前期高点时买进。

操作技巧：

1. 只有第一次和第二次股价和量比指标同时突破前高才可靠，第三次就要小心或放弃了，因为股价已经涨幅过高了。

2. 必须结合 K 线所处的位置和该股的短中期走势，如在高位则需要小心谨慎。

3. 必须同前面介绍的分时图买进法相结合，才会有大的收益。

如图 5-30、图 5-31 所示。

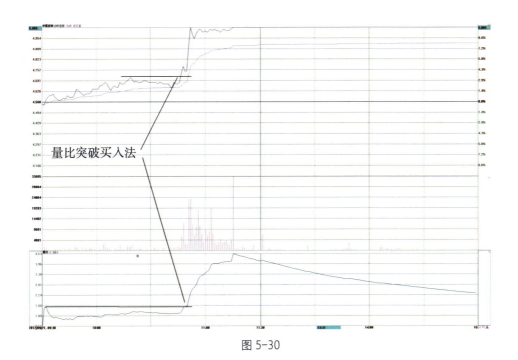

图 5-30

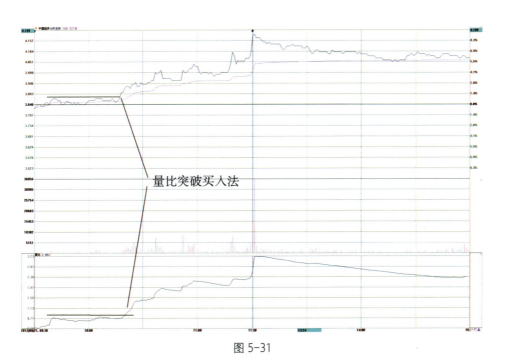

图 5-31

分时图的买卖服从日 K 线，日 K 线服从周 K 线，周 K 线服从月 K 线。还要将短期的指标相结合进行综合分析，再在分时图上决定买卖点。

通过分时图的盘口语言，我们就能知道庄家的企图。庄家是说真话还是假话只有通过分时图才能知道，而 K 线只能是事后分析了。要把分时图和 K 线结合到一起研判，临盘操作才能提高准确率。

分时图最重要的是抓住它的启动点。

微信扫码添加同花顺陪伴官小顺
获取更多图书增值服务

第六章

分时图上的形态卖出技法

第一节　均价线的压力

均价线的压力是指股价上升到均价线附近或短暂上穿均价线后就拐头下行的走势。

走势特征：

1. 均价线应一直处在股价线之上，且呈水平状态横向运动。

2. 股价线绝大多数情况下处在均价线之下，一般不向上突破均价线。即使突破，停留的时间也很短，突破的幅度也不会很大，并且很快回到均价线的下方。

3. 股价线受到均价线的阻挡前，须与均价线有一段较大的距离，如果两线始终靠得很近，就不是均价线的压力，不能按均价线的压力来操作。

操盘技巧：

1. 注意均价线的压力形态出现时的价位高低。只有处在高位区的均价线的压力才可做空。如果是处在调整后的低位区，最好不做空，而是持股待涨。

2. 股价线受阻后下跌的幅度不能小于2%，跌幅小于2%时，当反手做多时（短线）就没有操作空间了。

如图6-1、图6-2所示。

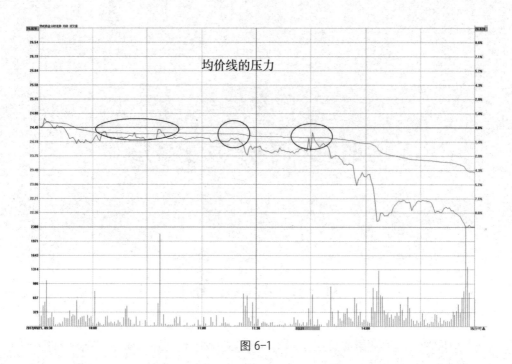

图 6-1

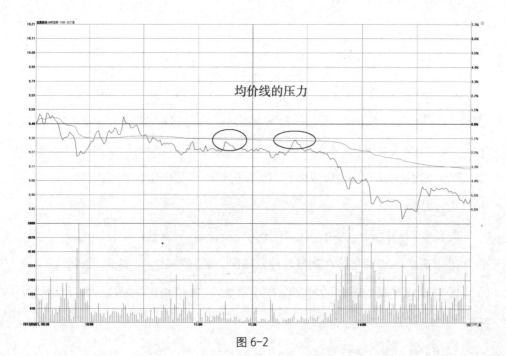

图 6-2

第二节　跌破整理平台

跌破整理平台是指股价线在离均价线较近的地方进行长时间的横向盘整后向下跌破平台的走势。

走势特征：

1.跌破平台之前，一定要出现一段横盘走势，形成一个明显的盘整平台。

2.股价线跌破平台的低点后，多数情况下会在短时间内又反弹到平台的低点附近，然后再次跌破平台的低点，此时就可确认跌破平台形态的形成。此时是最佳的卖点之一。

操盘技巧：

1.要把握跌破平台的卖出时机，最好在第一个平台跌破时卖出。第二个平台跌破时需谨慎，因为此时跌幅已较大，有杀低的风险。

2.跌破平台后当日不要再次进行逢低买进。

3.应考虑跌破平台的位置，如果平台是在低位区，就不应该卖出，反而在破位时买进，第二天可逢高点卖出。

如图6-3、图6-4所示。

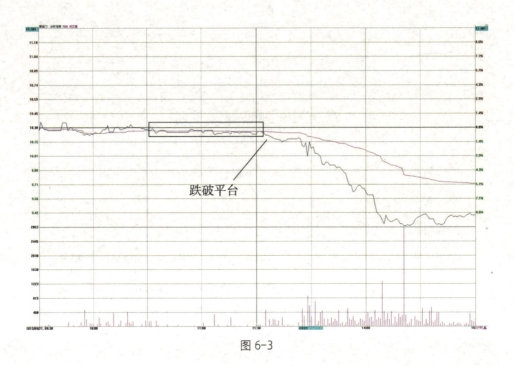

图 6-3

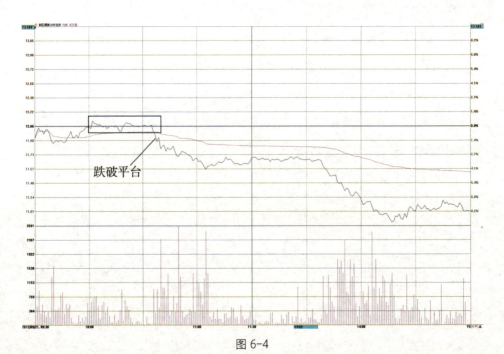

图 6-4

第三节 一顶比一顶低

一顶比一顶低是指股价线上升到高位后,先后出现两个或两个以上的顶峰,且顶峰一个比一个低。

走势特征:

1.股价线和均价线必须处在昨收盘线之上。

2.第一个峰顶出现时,当天的股价上升的幅度不得小于5%。

3.形成两个或以上顶部的峰顶和两个谷底的股价线,都应处在均价线之上。

操盘技巧。

1.要严格按照第一个峰顶时要有5%上升的幅度来执行。

2.每个峰顶必须处在均价线之上。

3.依据一顶比一顶低形态做空后,如果当天出现急跌的走势、跌幅超过5%以上时,出现止跌的迹象,还可做多。在第二天反弹时即可抛掉。

如图6-5、图6-6所示。

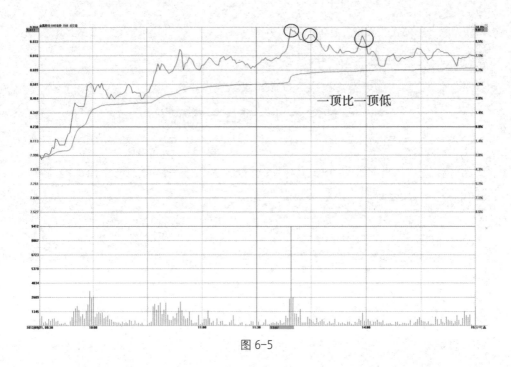

图 6-5

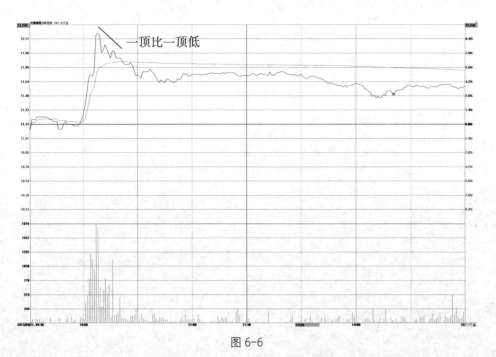

图 6-6

第四节　开盘后急涨卖出

开盘后急涨卖出分为以下三种：

1.先跌后涨，是指开盘后先下跌，然后再向上急涨。

2.开后就涨，是指开盘后就向上急涨。

3.盘后急涨，是指开盘后横盘了一段时间才向上急涨。

走势特征：

1.上涨的过程在短时间内完成，股价线呈垂直上升状态，上涨的幅度一般不低于2%。

2.股价线与均价线的距离拉得较远。

操盘技巧：

1.要快进快出。开盘后急涨，一般会在当天出现急跌，急涨多高，就会下跌多深。在高位抛，在低位进，第二天抛出。

2.要注意观察日K线图。只有股价的位置不高才能操作高位放空，低位接回。

3.若股价的位置较高，只可高位放空，不可低位接回。

4.开盘后急涨卖出的形态，中间不能有波折。

5.开盘后急涨卖出形态的上涨幅度，一般要求达到3%以上。

如图6-7、图6-8、图6-9所示。

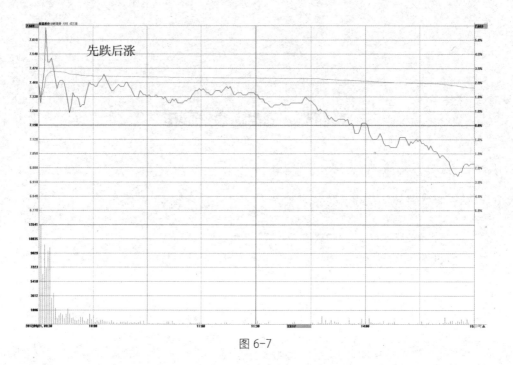

图 6-7

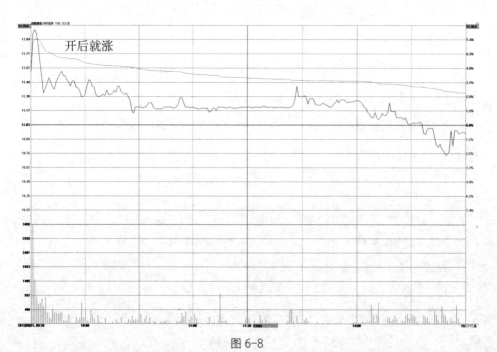

图 6-8

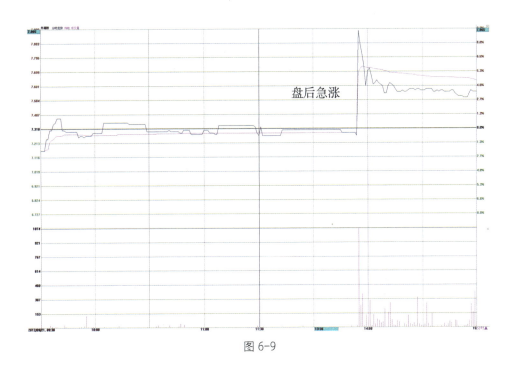

图 6-9

第五节 跌破前期低点

跌破前期低点是指股价在下降途中跌破了前期的谷底低点。

操盘技巧：

1.跌破前期低点形态只有在 K 线处在高位区域时才可卖出或做空。

2.跌破前期低点形态在当天的交易中可多次出现，只能在第一次跌破前期高点时卖出或做空。

如图 6-10、图 6-11 所示。

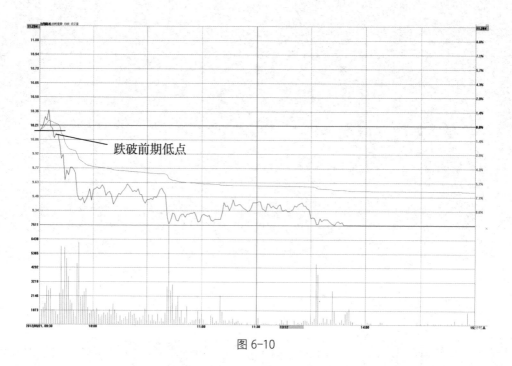

图 6-10

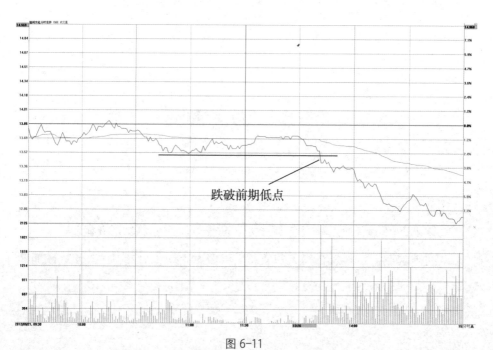

图 6-11

第六节　双平顶形态

双平顶形态是指股价在经过一段时间的上涨后，在高位形成了价格相同或相差不大的两个高点的顶部。

走势特征：

1. 双平顶形态形成时，起涨点到顶部高点的升幅不低于 3%。

2. 形成的两个顶部高点应为同值或者相差不大。

3. 形成双平顶形态时股价线应处在均价线之上。

操盘技巧：

1. 形成双平顶形态时，当日的股价上涨幅度应高于 3%，上涨幅度越大，有效性越大。当上涨幅度小于 3% 时，应放弃操作。

2. 双平顶形态的最佳做空点为第二个顶点形成后的股价线向下拐头之时。

3. 双平顶形态只有在高位或波段的顶部时，才可放心卖出或做空。

如图 6-12、图 6-13 所示。

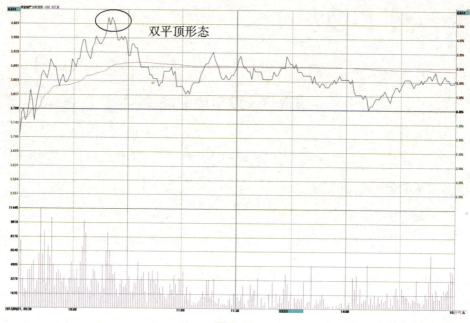

图 6-12

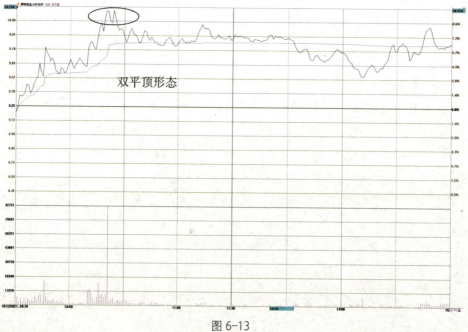

图 6-13

第七节　昨收盘线的压力

昨收盘线的压力是指昨日收盘线阻挡股价线向上涨升的一种走势。可分为以下三种：

1. 接近式：是指股价线接近昨收盘线，但在离昨日收盘线还有一点小小的距离时就停止上升。

2. 接触式：是指股价线与昨日收盘线刚一接触就掉头下行。

3. 略超式：是指股价线上穿昨日收盘线后才掉头下行。

走势特征：

1. 股价线在开盘后有一段时间的下跌，跌幅不少于3%。

2. 昨收盘线的压力形态出现前，股价线、均价线、昨收盘线等三线必须出现股价线在下、均价线居中、昨收盘线在上的走势形态，没出现该走势形态时，不适合操作。

操盘技巧：

1. 注意操作前该走势形态下跌的幅度必须达到3%，小于3%时不适合操作。

2. 操作前需注意该股的K线图，只有K线图上的股价处在高位或处在下降途中，才可放心做空。

3. 若处在调整后的低位，需小心谨慎。

如图6-14、图6-15、图6-16所示。

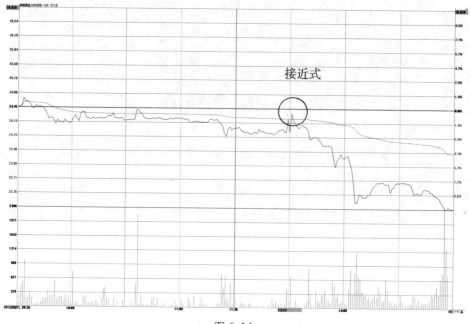

图 6-14

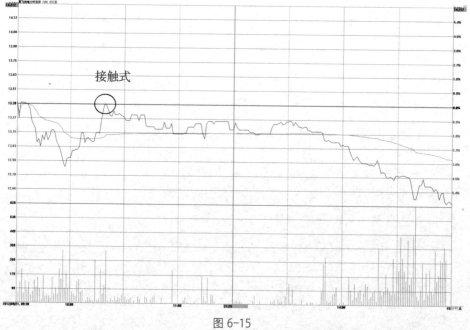

图 6-15

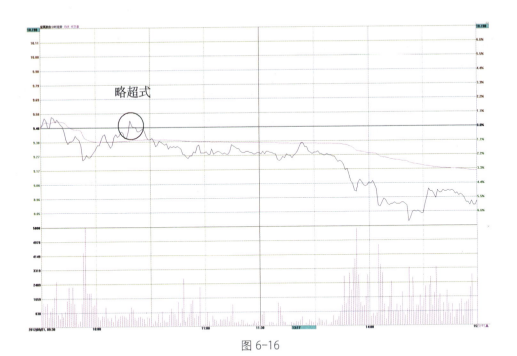

图 6-16

第八节 量比卖出法

操盘技巧：

1. 股价线与量比指标相背离，股价线走高，而量比指标走平或走低是可信的卖出信号。

2. 股价线与量比指标同向，股价线已经从高位走低，量比指标也与其同步走低，是卖出信号。

3. 15 分钟周期图表上在 3 根 K 线内，股价线被迅速拉高，如果量比指标不同步，是卖出信号。

4. 注意，不能与开盘前集合竞价时的量比指标对比。

如图 6-17、图 6-18、图 6-19 所示。

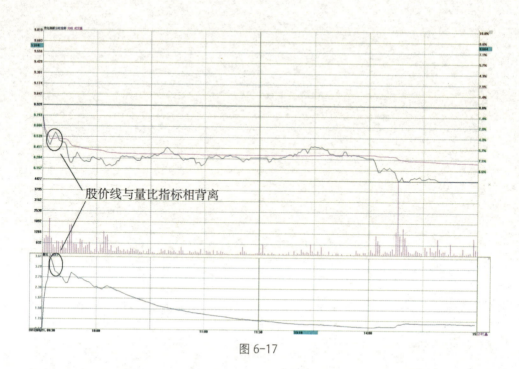

股价线与量比指标相背离

图 6-17

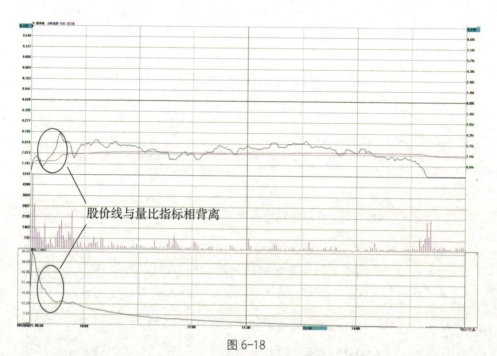

股价线与量比指标相背离

图 6-18

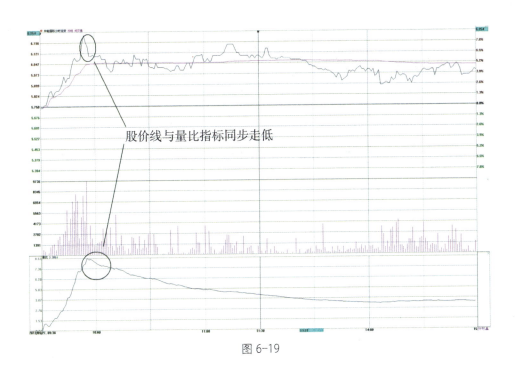

股价线与量比指标同步走低

图 6-19

第九节　尾盘急拉卖出

走势特征：

1. 在下午 2：45 左右，股价在短时间内快速上涨，股价线呈垂直上升状态，上涨的幅度一般不低于 3%。

2. 股价线与均价线的距离拉得较远。

走势特征：

1. 尾盘急拉，一般都是主力机构诱多的一种手法，既要拉高股价，引诱散户在高位追进，又不想在高位承接过多的筹码，导致股价呈急涨急跌的走势。

2. 要注意观察日 K 线图。只有股价处在高位时才能操作。

3. 尾盘急拉卖出的形态，中间不能有波折。

4. 尾盘急拉卖出形态的上涨幅度，一般要求达到 3% 以上。

5. 当股价线向下拐头时卖出。

如图 6-20、图 6-21 所示。

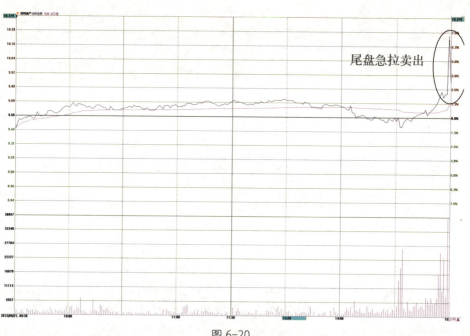

图 6-20

尾盘急拉卖出

图 6-21

微信扫码添加同花顺陪伴官小顺
获取更多图书增值服务

第七章

主力拉升之分时图定式

第一节　主力拉升在分时图上的一些定式

我们知道每只个股上都有一些或明或暗的机构和大户，他们在每个交易日中都会有一些表现，尤其在盘口和分时图上，其运作的痕迹尤为明显。详情可参考《同花顺盘口技法实战精要》和《同花顺技术分析实战精要》，这两本书对主力的一些运作手法和惯用伎俩都有细致的说明和讲解，由于篇幅有限，在本书中就不赘述了。

本章节主要讲解主力在分时图上运作目标个股的一些操作定式，主力的拉升定式分为四大类，在本书中披露的两个定式"一鸣惊人"和"一飞冲天"即为第三大类中的两个核心拉升定式，其成功率都在 70% 至 80% 之间，限于篇幅其他大类及定式暂不披露。

我们知道在金融投机市场上没有 100% 成功的方法，不管是国外的投资大师、交易大师，还是国内的投资高手、交易奇人，都不可能做到 100% 正确而毫不失误，要知道失误也是投资交易中的主要一环。当然，怎样处理失误属于风险控制策略，不在本书范围内，留待笔者在其他书中再与大家交流。当一个方法有 70% 以上的成功率时，这个方法就非常厉害了。注意，成功率必须具有一致性：其一，不能局部或小范围有效，而整体或大范围却失效；其二，不仅在过去有效，现在也要有效而且在将来更要有效；其三，发出的信号要足够多，这样的成功率才有意义。否则，像有些朋友的一些方法或指标，标称其成功率可以达到 90% 甚至 100%，但只能使用在某一段行情或局部行情之中，或只能使用在过去的特定时间段内，或几年中只发出寥寥数个交易信号，那这样的成功率又有多大的实用价值呢？所以要从实战角度去看待成功率，不可完全迷信成功率的数字。下面就将"一鸣惊人"和"一飞冲天"两个拉升定式给大家进行详细讲解，关于这些定式的卖点可参考本书有关卖出技法的讲解。

第二节　分时图拉升定式之"一鸣惊人"

主力在分时图上的拉升定式之"一鸣惊人"，顾名思义，该定式指的是主力在盘中潜伏着伺机拉升，一旦盘口压力减轻，浮筹减少盘子很轻时，主力将逆势或借大盘之势迅速拉升，做到"不鸣则已，鸣则惊人"的效果，很多时候股价都拉升至涨停，但请读者朋友们注意，该定式有着严格的操作条件，对不符合规则条件的个股，我们要做到宁可放弃机会，也不可冒险买进，要做到宁缺毋滥。

主力在盘中分时图上必须符合以下规则条件的个股方可作为"一鸣惊人"的拉升定式进行交易。

1. 个股必须符合分时强势、XDQD 指标多头排列。

2. 个股的盘口必须符合泰山压顶不弯腰之盘口压盘或压单。（注：关于泰山压顶不弯腰之盘口压盘或压单可参考《同花顺盘口技法实战精要》相关内容）。

3. 个股盘中的分时曲线（白色线）运行在盘中均价线（黄色线）之上，运行时间在 10 分钟以上，且横盘小幅度震荡，其振幅在 1% 以下，此时如再符合条件1和2则更好。

4. 个股涨幅必须小于5%。（ST 个股除外）。

5. 当盘口出现大单（突然大单或连续大单）扫掉卖盘的压单时，可迅速跟进。此时一般买在主力启动的拉升点。

注：规则2中要读者参考《同花顺盘口技法实战精要》，并非笔者故弄玄虚或刻意推荐，实为条件2中的内容非几句话能阐述清楚，但又是非常重要的规则，限于篇幅不能深入展开，故荐作参考。

当个股符合以上5个规则条件时，即可确定该股符合主力拉升定式之"一鸣惊人"。现以笔者在盘中的实战案例进行细致讲解，以便于读者学习，如图7-1所示。

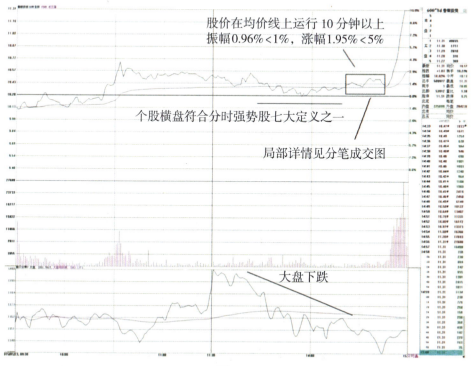

图 7-1

再举一个实盘案例，如图 7-2 所示。

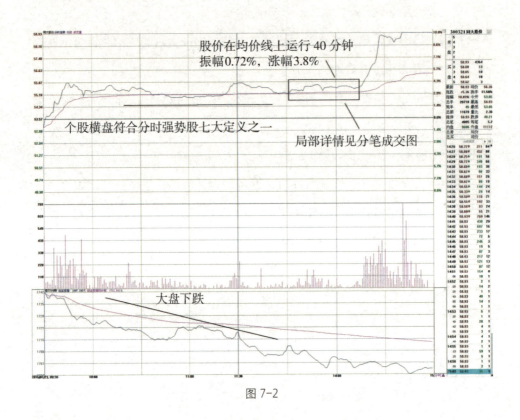

图 7-2

第三节　分时图拉升定式之"一飞冲天"

上一小节中给大家讲解了主力拉升定式之一"一鸣惊人"，在本节中讲解的"一飞冲天"与之有异曲同工之妙，都是主力在盘中潜伏、伺机拉升的定式之一。唯一不同的是："一鸣惊人"必须是在均价线之上做小幅度震荡，其震荡幅度必须小于 1%；而"一飞冲天"则是指股价在均价线之上做略微大幅的震荡，但其震荡幅度不得大于 3%。其具体研判规则如下：

个股必须符合主力拉升定式之"一飞冲天"的如下规则条件,方可进行交易。

1. 个股必须符合分时强势。XDQD 指标多头排列。

2. 个股的盘口必须符合泰山压顶不弯腰之盘口压盘或压单。

3. 个股盘中的分时曲线(白色线)运行在盘中均价线(黄色线)之上,运行时间在 10 分钟以上,且横盘略微大幅的震荡,其振幅在 3% 以下,此时如再符合条件 1 和 2 则更好。

4. 个股涨幅必须小于 5%(ST 个股除外)。

5. 当盘口出现大单(突然大单或连续大单)扫掉卖盘的压单时,可迅速跟进。此时一般买在主力启动的拉升点。

当个股符合以上 5 个规则条件时,即可确定该股符合主力拉升定式之"一飞冲天"。现以笔者在盘中的实战案例进行细致讲解,以便于读者学习,如图 7-3 所示。

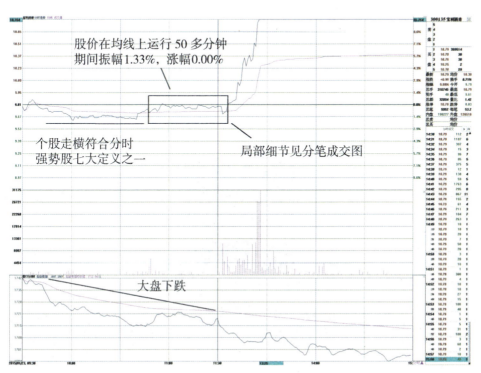

图 7-3

再举一个实战案例，如图 7-4 所示。

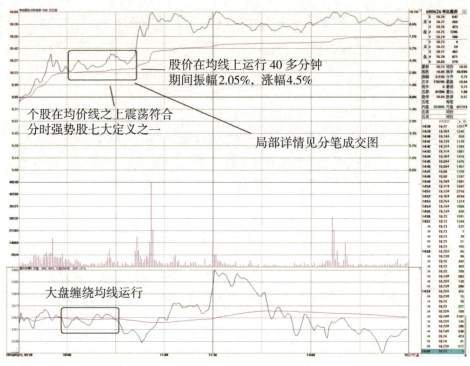

股价在均线上运行 40 多分钟
期间振幅2.05%，涨幅4.5%

个股在均价线之上震荡符合
分时强势股七大定义之一

局部详情见分笔成交图

大盘缠绕均线运行

图 7-4

第八章

分时图盘口信息综合分析

第一节　高价区盘口特征

当股价涨幅很大且处于高价区时，盘中如果出现下托板，但走势却是量增价滞，此时要留神主力是否在诱多出货。如果此时下托板较多且上涨无量时，则往往预示顶部即将出现，股价将要下跌。如图 8-1 所示。

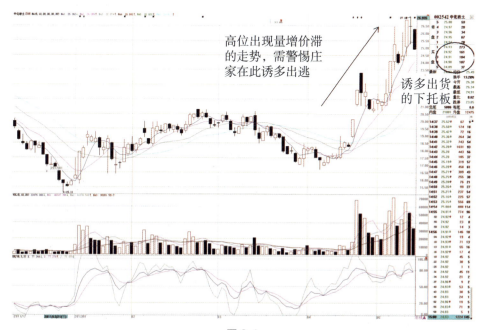

高位出现量增价滞
的走势，需警惕庄
家在此诱多出逃

诱多出货
的下托板

图 8-1

第二节　低价区盘口特征

当股价跌幅很大且处于低价区时，盘中如果出现上压板，但走势却是量增价滞，此时要留神主力是否在诱空吸筹。如果此时上压板较多且下跌无量时，往往预示底部即将出现，股价将要上涨。如图 8-2、图 8-3、图 8-4、图 8-5 所示。

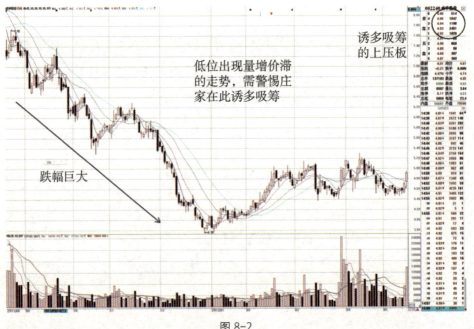

图 8-2

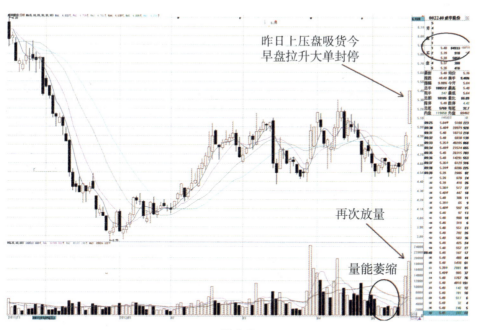

图 8-3

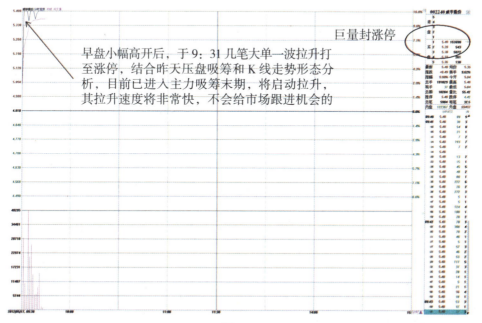

图 8-4

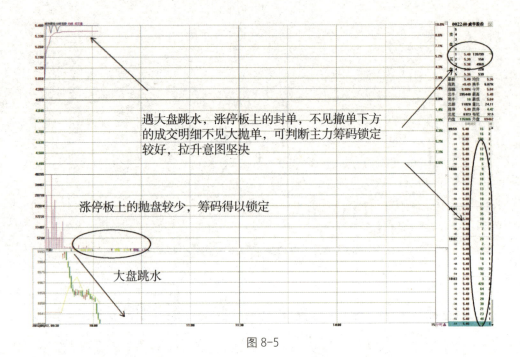

遇大盘跳水，涨停板上的封单，不见撤单下方的成交明细不见大抛单，可判断主力筹码锁定较好，拉升意图坚决

涨停板上的抛盘较少，筹码得以锁定

大盘跳水

图 8-5

第三节　快速拉高，急速回落

金丰投资（600606）2012 年 5 月 3 日主力开盘后迅速拉高，5 浪拉升大有一举封涨停之势，可就在涨到 9.2% 时，盘中出现主动的大单砸盘，分时曲线图上形成尖锐的顶，再看其日 K 线图仅仅一个月时间股价从 4.70 元启动最高至 11.32 元，涨幅翻番有余，主力获利丰厚，随时都有出逃欲望。如图 8-6、图 8-7 所示。

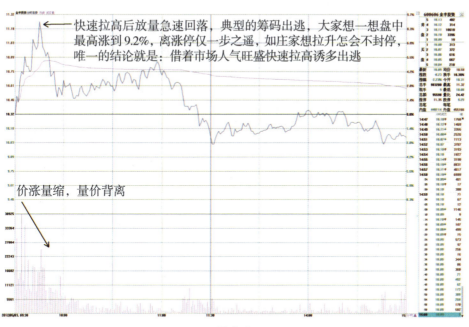

快速拉高后放量急速回落，典型的筹码出逃，大家想一想盘中最高涨到9.2%，离涨停仅一步之遥，如庄家想拉升怎会不封停，唯一的结论就是：借着市场人气旺盛快速拉高诱多出逃

价涨量缩，量价背离

图 8-6

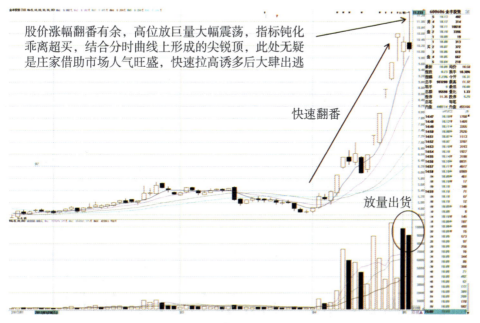

股价涨幅翻番有余，高位放巨量大幅震荡，指标钝化乖离超买，结合分时曲线上形成的尖锐顶，此处无疑是庄家借助市场人气旺盛，快速拉高诱多后大肆出逃

快速翻番

放量出货

图 8-7

再举一例，如图 8-8、图 8-9 所示。

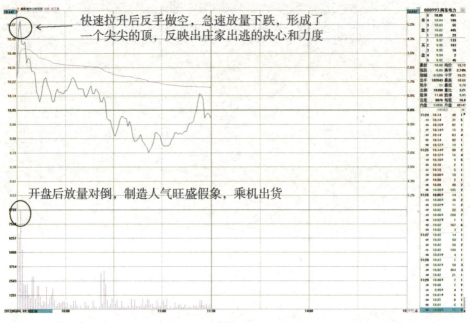

图 8-8

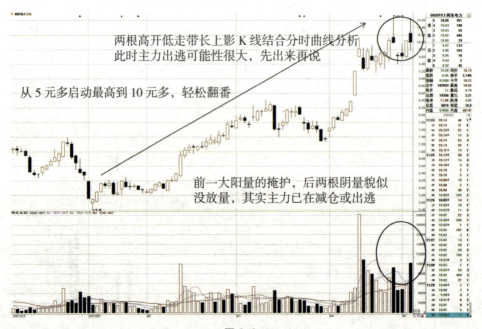

图 8-9

第四节　垫单推高诱多，快速大单砸盘

山西三维（000755）在 5 月 3 日大盘强劲攀升的背景下，该股主力利用大单扫盘，在买盘上挂出上千手的买单来引诱散户，不断推升股价，待市场踊跃跟风后反手做空，快速连续抛出百手以上大单砸盘，此种推高手法说明了主力无心拉升或其实力较弱，一旦下跌其速度将非常迅猛。如图 8-10、图 8-11、图 8-12、图 8-13 所示。

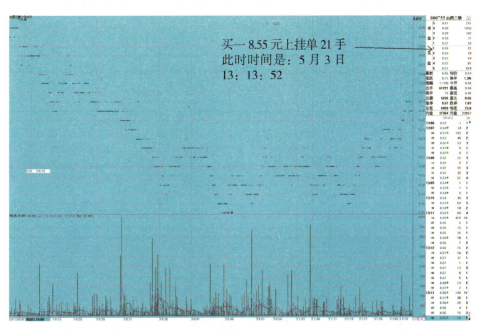

图 8-10

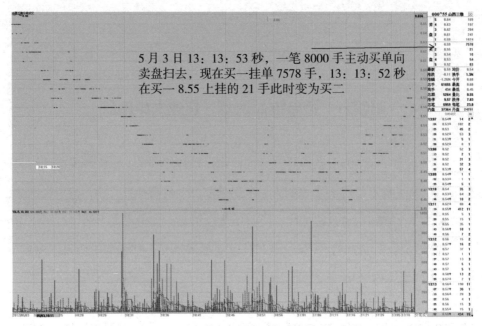

5月3日13：13：53秒，一笔8000手主动买单向卖盘扫去，现在买一挂单7578手，13：13：52秒在买一8.55上挂的21手此时变为买二

图 8-11

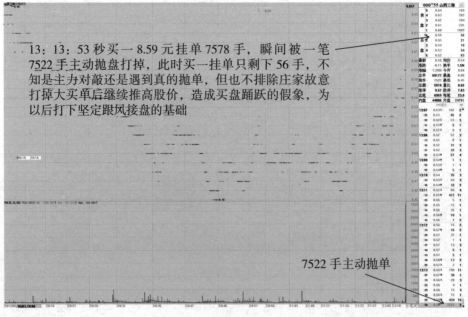

13：13：53秒买一8.59元挂单7578手，瞬间被一笔7522手主动抛盘打掉，此时买一挂单只剩下56手，不知是主力对敲还是遇到真的抛单，但也不排除庄家故意打掉大买单后继续推高股价，造成买盘踊跃的假象，为以后打下坚定跟风接盘的基础

7522手主动抛单

图 8-12

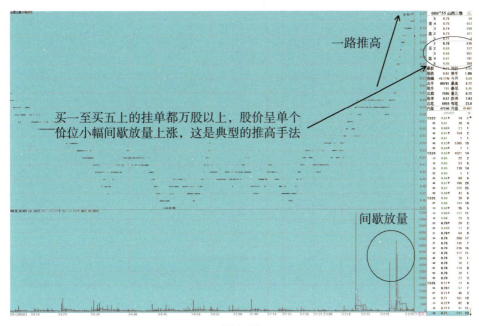

一路推高

买一至买五上的挂单都万股以上，股价呈单个价位小幅间歇放量上涨，这是典型的推高手法

间歇放量

图 8-13

第五节　收盘前快速下砸

在全日收盘前突然连续出现几笔大卖单以很低的价位抛出，把股价砸至很低位。其目的是：

1. 使日 K 线形成光脚大阴线、十字星或阴线等较"难看"的图形，让持股者恐惧而达到震仓的目的。

2. 使第二日能够高开并大涨而跻身升幅榜，吸引投资者的注意。

3. 操盘手把股票低价位卖给自己或关联人。

4. 为日后拉高出货打下基础。

如图 8-14、图 8-15 所示。

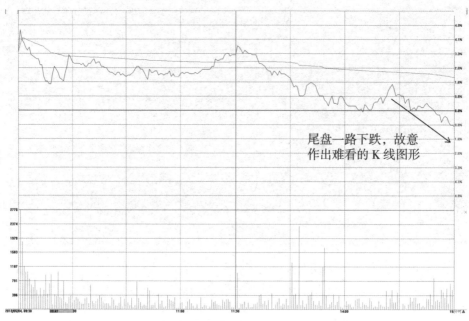

尾盘一路下跌，故意
作出难看的 K 线图形

图 8-14

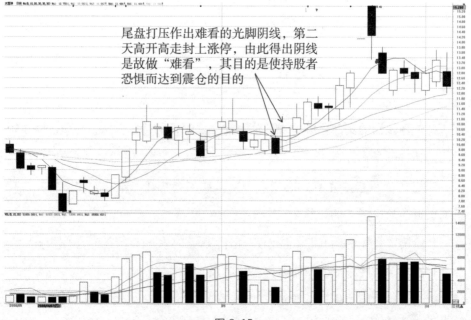

尾盘打压作出难看的光脚阴线，第二
天高开高走封上涨停，由此得出阴线
是故做"难看"，其目的是使持股者
恐惧而达到震仓的目的

图 8-15

第六节　大单在主力运作中的市场含义

大单是在盘中发现主力的重要依据之一，尽管主力刻意用对倒等手段来制造虚假的大单交易，但大单分析在整个盘口分析中的价值还是不容忽视，经笔者多年实战总结，盘口大单细分为：突然大单、连续大单、大单压托、扫盘垫单、砸盘压单、密集成交、主买大单、主卖大单、压盘托盘等，下面一一讲解。

1. 突然大单。单笔换手在 0.5% 以上，在上升趋势中多为主力启动拉升的对倒盘或主动性扫盘；在下降趋势中多为主力的抛盘或市场的恐慌盘。

2. 连续大单。单笔换手在 0.05% 以上，连续 3 笔以上，其市场含义和突然大单类似，都为有目的性的成交单。

3. 大单压托、压盘托盘。这是发现主力运作的重要依据，当主力要吸筹时会在卖一至卖五都挂上大单，显示压力重重，引诱恐慌盘卖出，可大肆收集廉价筹码。反之，如要出货，则在买一至买五上挂出大单，造成买盘积极的假象，引诱散户接盘。

4. 密集成交。这是主力拉升前的行为之一，当卖一上挂出大单后（市场上的单子），主力用小单密集地向大卖单打去，逐渐吃掉大卖单后迅速拉升，其含义为主力拉升时不愿意市场的买盘跟风。拉升动作较为隐秘，多为吸货末期，拉升初期的盘口现象，在洗盘末期即将启动拉升时也时常用到该手法。

5. 主买大单、主卖大单。这主要是主力在拉升和出货砸盘时出现的大单交易，其含义和突然大单类似。

6. 扫盘垫单、砸盘压单。和主买、主卖大单类似，是主力启动拉升和恐慌砸盘时较常出现的手法之一。

第七节　主力盘口运作特征

上涨的盘口特征：在涨势中常有大单从天而降，将卖盘挂单悉数吞噬，俗称扫盘。在股价刚刚形成多头排列且涨势初起之际，如果发现有大单连续横扫了多档卖盘时，则预示主力正在大举进场建仓，是投资者跟进的绝好时机。

在盘口右下侧的成交明细中，有的价位并未在委买卖挂单中出现，却在成交一栏里出现了，这就是隐性买卖盘，其中往往可发现庄家的踪迹。单向整数连续隐性买单出现而挂盘并无明显变化，一般多为主力拉升初期的试盘动作或派发初期为激活追涨跟风盘而做的盘口启动假象。

盘口涨跌的先兆特征：一般来说，上有压板而出现大量隐性主动性买盘（特别是大手笔）股价不跌，是大幅上涨的先兆。下有托板而出现大量隐性主动性卖盘则往往是庄家出货的迹象。很多散户朋友往往缺少对盘口的把握，盯住盘口很关键，这有助于有效地发现主力的一举一动，从而更好地把握买卖的时机，从上压板、下托板看主力的意图和股价的方向。无论上压或下托，其目的都是为了操纵股价、诱人跟风，股票处于不同区域时，其作用是不同的。当股价处于刚启动不久的中低价区时主动性买盘较多，盘中出现下托板往往体现了主力做多的意图，此时可考虑介入跟庄；如果出现了下压板股价却不跌反涨，主力压盘吸货的可能性偏大，往往是股价大幅上涨的先兆。

拉升时挂出大卖盘的含义：一只股票不涨不跌时，挂出的卖盘比较正常，而一旦拉升时，立即出现较大的卖盘，有时甚至是先挂出卖盘，而后才出现上涨。出现这种信息，如果卖盘不能被吃掉，一般说明主力吸筹不足，或者不想发动行情；如果卖盘被逐渐吃掉，且上攻的速度不是很快，多半说明主力已经相对控盘，既想上攻，又不想再吃进更多的筹码，所以拉的速度慢些，希望散户帮助吃掉一些筹码。

下跌时没有大承接盘。如果主力建仓不足，那么在洗盘时，不希望损失更多的筹码，因而下跌时低位会有一定的承接盘，自己卖给自己，有时甚至是先挂出接盘，再出现下跌动作。而在主力已经控制了较多筹码的股票中，下跌时卖盘是真实的，低位不会主动挂出大的承接盘，目的是减仓，以便为下一波拉升做准备。

分时曲线走势的自然流畅程度：主力机构介入程度不高的股票，上涨时显得十分滞重，市场抛压较大。主力相对控盘的股票，其走势是比较流畅自然的，成交也较活跃，盘口信息显示，多方起着主导作用。在完全控盘的股票中，股价涨跌则不自然，平时买卖盘较小，成交稀疏，上涨或下跌时才有意挂出单子，明显给人以被控制的感觉。

大阳线在次日的股价表现：这个盘口信息在研判中的作用也不容小觑。一只没有控盘的股票，大阳线过后，一般第二天都会成交踊跃，股价上蹿下跳，说明多空分歧较大，买卖真实自然，主力会借机吸筹或派发。而如果在大阳线过后，次日即成交清淡，波澜不惊，多半说明股票已被主力控盘，既无意派发，也无意吸筹。

附 录

专业术语解析

一、基本术语

IPO 简要来说就是首次公开发行股票。是指一家公司（股份有限公司或有限责任公司）首次向社会公众公开招股的发行方式。

再融资 是指上市公司通过配股、增发和发行可转换债券等方式在证券市场上进行的直接融资。

上市公司 是指所发行的股票经过国务院或者国务院授权的证券管理部门批准在证券交易所上市交易的股份有限公司。

非上市公司 指其股票没有上市和没有在证券交易所交易的股份有限公司。

有限责任公司 又称有限公司，在英美称为封闭公司或私人公司，指由一定人数股东组成的，股东以其出资额为限对公司承担责任，公司以其全部资产对公司的债务承担责任的公司。

股份有限公司 又称股份公司。在英美称为公开公司或公众公司，是指全部资本分为等额股份，股东以其所持股份为限对公司承担责任，公司以其全部资产对公司的债务承担责任的公司。

股东大会 是公司的最高权力机关，它由全体股东组成，对公司重大事项进行决策，有权选任和解除董事，并对公司的经营管理有广泛的决定权。

董事会　由股东大会选举产生，按照《中华人民共和国公司法》和《公司章程》行使董事会权力，执行股东大会决议，是股东大会的代理机构，代表股东大会行使公司管理权限。

监事会　也称公司监察委员会，是由全体监事组成的、对公司业务活动及会计事务等进行监督的机构。

董事会秘书　简称董秘。是对外负责公司信息披露事宜，对内负责筹备董事会会议和股东大会，并负责会议的记录和会议文件、记录的保管等事宜的公司高级管理人员，董事会秘书对董事会负责。

保荐人　就是为二板市场的上市公司的上市申请承担推荐职责，为上市公司的信息披露行为向投资者承担担保职责的证券公司。

主承销商　是指在股票发行中独家承销或牵头组织承销团经销的证券经营机构。主承销商是股票发行人聘请的最重要的中介机构。

证券承销　通常情况下，当一家发行人通过证券市场筹集资金时，都要聘请证券经营机构来帮助它销售证券。证券经营机构借助自己在证券市场上的信誉和营业网点，在规定的发行有效期限内将证券销售出去，这一过程称为承销。

路演　是国际上广泛采用的证券发行推广方式，指证券发行商发行证券前针对机构投资者的推介活动，是在投、融资双方充分交流的条件下促进股票成功发行的重要推介、宣传手段，促进投资者与股票发行人之间的沟通和交流，以保证股票的顺利发行。

新股　指刚发行上市的股票。如摩尔电气（002451）在 2010 年 7 月 20 日登陆 A 股市场，就属于典型的新股。

次新股　顾名思义，次新股就是已经上市，但时间不长的股票。一般来说，某只个股在上市后的一年之内如果还没有分红送股，或者股价未被市场主力明显炒作的话，即可成为次新股。

打新　就是投资者用资金参与新股申购。网下的只有机构能申购，网上的申购个人也可以申购。打新分为打新股票和打新基金。

新股中签　按照交易所的规则，将公布中签率，并根据总配号，由主承销商主持摇号抽签，确认摇号中签结果，并于摇号抽签后的第一个交易日（T+4日）在指定媒体上公布中签结果。

网上申购　就是通过证券交易所网上交易系统进行的公开申购。

网下申购　又叫网下配售，指不通过证券交易所的网上交易系统进行的申购，这种申购方式一般对大资金大机构进行。这部分配售的股票上市日期有一个锁定期限。

价值投资　一种常见的投资方式，指投资者专门寻找价格低估的证券，并且买入后长期持有。

短线投机　指根据对市场的判断，把握机会，利用市场出现的价差进行买卖从中获得利润的交易行为。

公募基金　是受政府主管部门监管的，向不特定投资者公开发行受益凭证的证券投资基金，这些基金在法律的严格监管下，有着信息披露、利润分配，运行限制等行业规范。例如，目前国内证券市场上的封闭式基金公募基金属于公募基金。

私募基金　所谓私募基金，是指通过非公开方式，面向少数投资者募集资金而设立的基金。由于私募基金的销售和赎回都是通过基金管理人与投资者私下协商来进行的，因此它又被称为向特定对象募集的基金。私募有时还被称为"富人"基金，入门的起点都比较高，国内的起点一般为100万甚至更高。

开放式基金　在国外又称共同基金，它和封闭式基金共同构成了基金的两种运作方式。开放式基金是指基金发起人在设立基金时，基金份额总规模不固定，可视投资者的需求，随时向投资者出售基金份额，并可应投资者要求赎回发行在外的基金份额的一种基金运作方式。

封闭式基金　是指基金的发起人在设立基金时，限定了基金单位的发行总额，筹足总额后，基金即宣告成立，并进行封闭，在一定时期内不再接受新的投资。

机构投资者　机构投资者从广义上讲是指用自有资金或者从分散的公众手中筹集的资金专门进行有价证券投资活动的法人机构。

个人投资者　即以自然人身份从事股票买卖的投资者。目前，A股市场上绝大多数散户都属于个人投资者。

战略投资者　是指符合国家法律法规和规定要求、与发行人具有合作关系或合作意向和潜力，并愿意按照发行人配售要求与发行人签署战略投资配售协议的法人。

实际控制人　简而言之，实际控制人就是实际控制上市公司的自然人，法人或其他组织。上市公司的实际控制人在某些情况下很难辨别。实际控制人可以是控股股东，也可以是控股股东的股东，甚至是除此之外的其他自然人、法人或其他组织。

控股股东　根据《公司法》规定：控股股东是指其出资额占有限责任公司资本总额50%以上或者其持有的股份占股份有限公司股本总额50%以上的股东。

股东　是指持有公司股份或向公司出资者。股东是股份公司或有限责任公司中持有股份的人，有权出席股东大会并有表决权。

股民　常见称谓，意指经常活跃在股市进行股票交易，主要靠赚取股票差价的群体。股民与股东有一定差别。

庄家　又称主力。是指那些利用各种优势操纵股票价格波动，并谋求利益的团体或个人。一般来说，只要拥有资金实力，如基金、游资、大户等，均可成为某只个股的庄家。

游资 又称热钱。只为追求最高报酬以及最低风险而在国际金融市场上迅速流动的短期投机性资金。在我国，江浙一带的游资因实力雄厚，手法凶狠而声名大噪，他们经常在股票市场上兴风作浪。

大户 就是手中持有大量股票或资金，做大额交易的客户，一般是资金雄厚的集团或个人。他们资金实力雄厚、投资额巨大、交易量惊人、能够左右行情。

中户 通常指那些入市金额较大的投资人。比如，50 万元以上可以享受中户待遇，如有专用的电脑、固定的操作场所等。但这个概念是相对的，并无统一标准。

散户 就是进行零星小额买卖的投资者，一般指小额个人投资者。如隔壁的王大爷，以自有资金 5 万元入市，就是典型的散户。

长线 通常指股票投资者长期持有股票。投资者主要关注个股业绩的稳定性和成长性。

中线 指持股时间多在两周到半年之间。此类投资者既注重技术面，又兼顾基本面。

短线 通常指持股时间在两周以内。这类投资者主要依靠技术图表或消息面变化进行买卖决定，只想赚取短期差价收益，不太注意个股的业绩情况。

证券分析师 我国又称为股评师、股票分析师。是依法取得证券投资咨询执业资格，并在证券经营机构就业，主要就与证券市场相关的各种因素进行研究和分析，包括证券市场、证券品种的价值及变动趋势进行研究及预测，并向投资者发布证券研究报告、投资价值报告等，以书面或者口头的方式向投资者提供上述报告及分析、预测或建议等服务的专业人员。

黑嘴 原意指某些别有用心的人，出于某种目的，故意说出一些言不由衷的话，以达到混淆视听的目的，从而使自己在其中得到某些利益。而股市上的黑嘴，就是一些专业证券分析人士，利用电视台、电台、报纸等媒体的公信力，对大盘或个股进行预测，然后故意诱导投资者购买自己推荐的股票，以达到已方和利益相关方获利的目的。

牛市 股票市场上买入者多于卖出者，股价长期保持上涨势头的股票市场，又叫"多头市场"。

熊市 熊市与牛市相反。股票市场上卖出者多于买入者，指股价长期下跌趋势的股票市场，亦称"空头市场"。

猴市 形容股市处于大幅振荡状态，没有一个明确的上涨或下跌方向，市场分化比较严重。股市上涨叫牛市，下跌叫熊市，人们把这二者之间的运作状态称之为猴市。

多头 指那些预计大盘或个股后市看涨的投资者。随着多头日趋增加，市场上买入者多于卖出者，股市随之上涨，就会产生多头行情。

空头 与多头相反，是指那些预计大盘或个股后市下跌的投资者。随着空头日趋增加，市场上卖出者多于买入者，股市随之下滑，就会产生空头行情。

利空 指那些促使大盘或股价下跌，对空头有利的因素和消息。包括上市公司经营业绩恶化、银根紧缩、银行利率调高、经济衰退、通货膨胀、天灾人祸等不利消息。

利空出尽 在股票市场上，股价因受到各种利空消息的冲击而下跌。当跌到一定时间和程度时，股价不再下跌，反而企稳回升。即可称作"利空出尽"。

利多 指能够刺激股价上涨，对多头有利的因素和消息。包括上市公司经营业绩好转、银行利率降低、银行信贷资金放宽等有利的信息。

利多出尽 在股票市场上，股价因受到各种利多消息的刺激而上涨。当涨到一定时间和程度时，股价再也涨不动了，反而出现回落。即可称作"利多出尽"。

创业板 是地位次于主板市场的二板证券市场，在中国特指深圳创业板。

股指期货 全称是股票价格指数期货，也可称为股价指数期货、期指，是指以股价指数为标的物的标准化期货合约，双方约定在未来的某个特定日期，可以按照事先确定的股价指数的大小，进行标的指数的买卖。

融资融券 又称信用交易，是指投资者向具有上海证券交易所或深圳证券交易所会员资格的证券公司提供担保物，借入资金买入上市证券或借入上市证券并卖出的行为。

黑色星期一 1987 年 10 月 19 日，星期一，华尔街上的纽约股票市场刮起了股票暴跌的风潮，爆发了历史上最大的一次崩盘事件。道琼斯指数一天之内重挫了 508.32 点，跌幅达 22.6%，创下自 1941 年以来单日跌幅最高纪录。几个小时之内，纽约股指损失 5000 亿美元，其价值相当于美国全年国民生产总值的 1/8。这次股市暴跌震惊了整个金融世界，并在全世界股票市场产生"多米诺骨牌"效应，伦敦、法兰克福、东京、悉尼、新加坡、中国香港等地股市均受到强烈冲击，股票跌幅多达 10% 以上。股市暴跌狂潮在全球股民中引起巨大恐慌，许多百万富翁一夜之间沦为贫民，数以千计的人精神崩溃，跳楼自杀。这一天后来被金融界称为"黑色星期一"。如今，"黑色星期一"泛指股市行情跌得很凶。

二八现象 又称巴莱多定律或二八定律。是 19 世纪末 20 世纪初意大利经济学家巴莱多发现的。他认为，在任何一组东西中，最重要的只占其中的一小部分，约 20%，其余 80% 尽管是多数，却是次要的，因此又称二八定律。在 A 股市场上，人们常说的二八现象多指 20% 的股票（大盘股）上涨，80% 的股票（中小盘股）下跌或不涨。

周末效应 指投资者会在周五这天，由于比较担心周末两天政策面会出现重大变化，群体性作出买入或卖出股票的决定。于是，在周五收盘之前可能会突然出现大幅上涨或恐慌跳水的情况。

一级市场　又称初级市场。指股票的初级市场也即发行市场，在这个市场上投资者可以认购公司发行的股票。通过一级市场，发行人筹集到了公司所需资金，而投资人则购买了公司的股票成为公司的股东，实现了储蓄转化为资本的过程。

二级市场　指流通市场，是已发行股票进行买卖交易的场所。二级市场的主要功能在于有效地集中和分配资金。二级市场是一个资本市场，使已公开发行或私下发行的金融证券买卖交易得以进行。

三板市场　全称是代办股份转让系统，于2001年7月16日正式开办。作为我国多层次证券市场体系的一部分，三板市场一方面为退市后的上市公司股份提供继续流通的场所，另一方面也解决了原STAQ、NET系统历史遗留的数家公司法人股流通问题。

潜力股　所谓潜力股就是指在未来一段时期存在上涨潜力的股票或具有潜在投资预期的股票。

黑马股　是指价格脱离过去的价位而在短期内大幅上涨的股票。

白马股　一般是指其有关的信息已经公开的股票，由于业绩较为明朗，很少存在埋地雷的风险，内幕交易、暗箱操作的可能性大大降低，同时又兼有业绩优良、高成长、低风险的特点，因而具备较高的投资价值，往往为投资者所看好。

龙头股　指某一时期在股票市场的炒作中对同行业板块的其他股票具有影响和号召力的股票，它的涨跌往往对其他同行业板块股票的涨跌起引导和示范作用。

庄股　指股价涨跌或成交量被庄家有意控制的股票。按照不同标准和划分方法，庄股有强庄、弱庄、长庄、短庄、恶庄等之分。

权重股　就是总股本巨大的上市公司股票，这类股票总数占股票市场股票总数的比重很大，也就权重很大，它的涨跌对股票指数的影响很大。

题材股　顾名思义，题材股是有炒作题材的股票，这些题材可供主力或庄家借题发挥，可以引起市场大众跟风。如智能电网板块、重组题材板块等。

概念股　是指具有某种特别内涵的股票，而这一内涵通常会被当作一种选股和炒作题材，成为股市的热点。如金融、地产、券商、期货等都称之为概念股。简单来说概念股就是对股票所在的行业经营业绩增长的提前炒作。

冷门股　顾名思义，是指那些在股票市场上交易量小、交易周转率低、流通性小、股价变动小或不正常、经常不发生交易的股票。

热门股　是指那些在股票市场上交易量大、交易周转率高、股票流通性强、股票价格变动幅度大的股票。

强势股　是指大盘下跌时，它不跟随下跌，而是维持横盘或小幅上涨。而大盘开始上涨时，它的涨幅要远远大于指数。

弱势股　与强势股相反。弱势股是指大盘上涨时，它基本不涨，甚至下跌。而大盘下跌时，它跌得更凶。

仙股　仙的音译是香港人对英语"cent"（分）的译音。仙股就是指其价格已经低于1元，因此只能以分作为计价单位的股票。在美国股市上如果股票的价格长期低于某一价格就会被摘牌。在大陆是指低于1元的股票。在香港是指低于1角的股票。

原始股　是指在公司申请上市之前发行的股票。在中国证券市场上，原始股一向是赢利和发财的代名词。

周期性股票　简单来说，是指受经济周期的盛衰和涨落影响较大的行业。当整体经济上升时，这些公司的股价也迅速上升；当整体经济走下坡路时，这些公司的股价也跟随下跌。

非周期性股票　是指那些生产生活必需品的公司，这类公司不管实体经济走势如何，人们对这些产品的需求都不会有太大变动。比如，像商业零售、食品饮料和医药等行业。

大小非　非是指非流通股，由于股改使非流通股可以流通。持股低于 5% 的非流通股叫小非，大于 5% 的叫大非。

第三方存管　是指证券公司客户证券交易结算资金交由银行存管，由存管银行按照法律法规的要求，负责客户资金的存取与资金交收，证券交易操作保持不变。

股票回购　是指上市公司利用现金等方式，从股票市场上购回本公司发行在外的一定数额的股票的行为。

定向增发　指非公开发行，即向特定投资者发行。换句话说，定向即指向特定对象的，多为公司大股东、实际控制人或者券商等机构投资者。

平准基金　又称干预基金，是指政府通过特定的机构以法定的方式建立的基金。这种基金可以通过对证券市场的逆向操作，比如在股市非理性暴跌、股票投资价值凸显时买进；在股市泡沫泛滥、市场投机气氛狂热时卖出的方式，熨平股市非理性波动，达到稳定证券市场的目的。

老鼠仓　是指庄家在用公有资金拉升股价之前，先用个人（操盘手自己及其亲属、关系户）的资金在低位建仓，待用公有资金拉升到高位后个人仓位率先卖出获利。

QDII　又称合格境内机构投资者。是指在人民币资本项下不可兑换、资本市场未开放条件下，在一国境内设立，经该国有关部门批准，有控制地，允许境内机构投资境外资本市场的股票、债券等有价证券投资业务的一项制度安排。

QFII　是合格的境外机构投资者的简称。在 QFII 制度下，合格的境外机构投资者（QFII）将被允许把一定额度的外汇资金汇入并兑换为当地货币，通过严格监督管理的专门账户投资当地证券市场。

ETF 中文译为交易型开放式指数基金，又称交易所交易基金。ETF 是一种在交易所上市交易的开放式证券投资基金产品，交易手续与股票完全相同。ETF 管理的资产是一揽子股票组合，这一组合中的股票种类与某一特定指数。

LOF 中文称为上市型开放式基金。上市型开放式基金发行结束后，投资者不但可以在指定网点申购与赎回基金份额，也可以在交易所买卖该基金，比较方便快捷。如果对 LOF 与 ETF 进行对比，二者还是有所不同。比如，LOF 的申购、赎回都是基金份额与现金的交易，可在代销网点进行；而 ETF 的申购、赎回则是基金份额与一揽子股票的交易，只能通过交易所进行。

头寸 也称为头衬。指投资者拥有或借用的资金数量。头寸是金融界及商业界的流行用语。

筹码 指投资人手中持有的一定数量的股票。

浮筹 一般指散户手中的股票，流动性强，短线投机心态较强，操作时每拉升到一个关键的技术位，这部分投资者手中的股票容易变现。

二、量价术语

开盘价 又称开市价，是指某种证券在证券交易所每个营业日的第一笔交易，第一笔交易的成交价即为当日开盘价。

最高价 指股票当天成交的最高价格。

最低价 指股票当天成交的最低价格。

收盘价 指某种证券在证券交易所一天交易活动结束前最后一笔交易的成交价格。

报价 是证券市场上交易者在某一时间内对某种证券报出的最高进价或最低出价，报价代表了买卖双方所愿意出的最高价格，进价为买者愿买进某种证券所出的价格，出价为卖者愿卖出的价格。

委比　是衡量某一时段买卖盘相对强度的指标。

量比　是衡量相对成交量的指标。

现手　某一股票即时的成交量。在行情软件的右下方为即时的每笔成交明细。

总手　即当日开始成交一直到现在为止总成交股数。

成交笔数　是指当天各种股票交易的次数。

成交额　是指当天每种股票成交的价格总额。

成交量　是指某一特定时期内（如一个交易日），在交易所交易市场成交的某种股票的数量。

成交密集区　指市场在上涨或下跌过程中，成交量较为集中的某个区域。

筹码集中度　是指一只个股的筹码被庄家掌握的程度。

差价　指股票在买进和卖出的两种价格之间所获得的利润或亏损，前者称差价利得，后者称差价损失。

天价　表示股票行情上涨到一个巅峰状态。但要注意，天价是相对的，并不是固定不变的。

天量　代表着某只股票或整个市场当天巨大的交易量，天量通常与突破相关联。

地量　是相对于高位的天量而言，地量的标准有迹可循。衡量中级下跌行情是否见底的标准是：底部成交量要缩至顶部最高成交量的 20% 以内。

放量上涨　通常指成交量大幅增加的同时，大盘或个股股价也同步上涨的一种量价配合现象。

缩量下跌　指股票价格或大盘指数在下跌的同时成交量相对前几个交易日明显下跌。

上档 指在市价以上的价位。

下档 指在当时股价以下的价位。

溢价发行 指新上市公司以高于面值的价格办理公开发行或已上市公司以高于面值的价格办理现金增资。

红利 上市公司通常在年终结算后,将盈利的一部分作为股息按股额分配给股东。股利的主要发放形式有现金股利、股票股利、财产股利和建业股利。

分红派息 是指上市公司向其股东派发红利和股息的过程,也是股东实现自己权益的过程。分红派息的形式主要有现金股利和股票股利两种。

股权登记日 是在上市公司分派股利或进行配股时规定一个日期,在此日期收盘前的股票为"含权股票"或"含息股票",即有权领取股利的股东有资格登记截止日期。

派息日 即股息正式发放给股东的日期。

含权 凡是有股票有权未送配的均称含权。

除权 股票除权前一日收盘价减去所含权的差价,即为除权。

填息 如果除息完成后,股价上涨接近或超过除息前的股价,二者的差额被弥补,就叫填息。

填权 指在除权除息后的一段时间里,如果投资者对该股看好,该只股票交易市价高于除权(除息)基准价,这种行情称为填权。

贴权 指在除权除息后的一段时间里,如果投资者不看好该股,交易价低于除权(除息)基准价,即股价比除权除息日的开盘价有所下降,则称为贴权。

复权 就是对股价和成交量进行权息修复。股票除权、除息之后,股价随之产生了变化,但实际成本并没有变化。

抢权 指股票在即将除权时,由于要实施送股或配股,引发股民大量购买,从而大幅推高股价的现象,被称为抢权。

量价背离　量价背离是一种交易现象。即当股票价格出现新的高点时，成交量非但没有增加反而出现萎缩，也就是股价与成交量成反比关系变化。

三、操作术语

仓位　是指投资人实有投资资金和实际投资的比例。

建仓　指投资者开始买进看涨的股票。这种交易行为就叫建仓。

平仓　投资者在股票市场上卖出证券的行为。

增仓　指股价上涨过程中，投资者在持有某种证券一定数量的基础上，又买入同一种证券，以达到扩大盈利的目的。

补仓　指股价下跌过程中，投资者在持有某种证券一定数量的基础上，又买入同一种证券，以达到摊薄成本的目的。

减仓　减仓是指卖掉手中持有的一部分股票。这一行为就是减仓。

斩仓　指投资者预计手中的股票还将继续下跌，不得不在亏损状态下将股票卖出。

半仓　用一半的资金买入股票，账户上还留有一半现金的操作方法。

满仓　也叫全仓。就是把账户上所有的资金，都买成了股票，就叫满仓。

空仓　指投资者将所持有的股票全部抛出，手中持有现金而无股票的情况。这种状态就叫空仓。

爆仓　指在某些特殊条件下，投资者保证金账户中的客户权益为负值的情形。

仓位管理　指投资者根据大盘运行趋势，个股涨跌变化，对自己手中的资金和股票进行科学动态管理的行为，其目的是减少损失，提高盈利。

挂单　就是指在股市交易过程中，投资者进行股票买卖时填写的委托单子。

撤单　就是在未成交之前，撤回之前的委托单。

扫单　指在交易过程中，突然冒出大批量的巨大买单。一旦出现这种情况，股价通常会快速飙升。

套牢　是指买进股票交易后，出现股价下跌造成账面损失的情况。

解套　解套就是指先前亏损的股票，交易价格后面回升到成本价之上。

止损　又叫割肉。指高价买进股票后，股价下跌，为避免继续损失，投资者斩仓出局，从而导致实际损失的情况。

止盈　即指当股价上涨到目标位后，挂单出货。

市价委托　指投资者对委托券商成交的股票价格没有限制条件，只要求立即按当前的市价成交就可以。由于不限制成交价格，所以能确保即时成交，是市价委托的最大好处。

限价委托　客户向证券经纪商发出买卖某种股票的指令时，对买卖的价格作出限定，即在买入股票时，限定一个最高价，只允许证券经纪人按其规定的最高价或低于最高价的价格成交，在卖出股票时，则限定一个最低价。

看盘　又称盯盘，是短线投资者必需的日常工作。

复盘　是指投资者利用静态重新查看市场变动情况，以便对后市涨跌有新的认识。

洗盘　指庄家为达到炒作目的，必须在途中让低价买进，意志不坚的散户抛出股票，以减轻上档压力，同时让持股者的平均价位升高，以利于施行做庄的手段，达到牟取暴利的目的。

震仓　指股价在一天之内忽高忽低，幅度变化很大。与洗盘有一定相似性。

对敲　是庄家或机构投资者的一种交易手法。具体操作方法为：在多家营业部同时开户，以拉锯方式在各营业部之间报价交易，故意营造利于己方的盘面虚假现象，达到操纵股价的目的。

护盘　指市场气氛低迷、人气欠佳时，主力机构大量购进股票，防止大盘或股价继续下滑的行为。

砸盘　简单来说就是用巨额大单持续不断向下打压股价。

打压　是主力将股价大幅度压低，然后在打压之后便大量买进，为日后拉升出货谋求利润做准备。

吃货　股市中，庄家在较低价位不动声色地买进股票，叫作吃货或吸货。

出货　与吃货相反。出货指庄家在高价时，暗中卖出股票，谋取利润。

抄底　指投资者认为股价已经跌到最低点，预期股价将会很快反弹的一种建仓行为。

逃顶　在股票价格上涨过程中，投资者估计上涨即将要到顶部，股价可能会止涨转跌的时候，选择将股票卖出。然后，股价果然下跌，投资者成功逃过，就称为逃顶。

多翻空　原本看好行情的多头，随着行情变化，看法随之变为看跌后市。

空翻多　原本看跌行情的空头，随着行情变化，看法随之变为看涨后市。

买空　预计股价将上涨，因而买入股票，在实际交割前，再将买入的股票卖掉，实际交割时收取差价或补足差价的一种投机行为。

卖空　预计股价将下跌，因而卖出股票，在发生实际交割前，将卖出股票如数补进，交割时，只结清差价的投机行为。

逼空　就是多头不断把股价往上推，一直涨到摧毁空头心理为止。

踏空　简单来说，就是空仓不动，没有提前买入，只能看着股票不断上涨。

吊空　指投资者做空头（抢空头帽子），卖出股票后，但股票价格当天并未下跌，反而有所上涨，只得高价赔钱买回。

多杀多　指投资者普遍认为当天股价将上涨，于是争相买进，然而股价却没有大幅度上涨，当交易快结束时，竞相卖出，造成收盘价大幅度下跌的情况。

空杀空　指投资者普遍认为当天股价将下跌，于是争相卖出，然而股价却没有大幅下跌，交割前，只好纷纷补进，反而促使股价在收盘时，大幅度升高的情形。

诱多　指主力、庄家有意制造股价上涨的假象，诱使投资者买入，结果股价不涨反跌，让跟进做多的投资者套牢的一种市场行为。

诱空　指主力、庄家有意制造股价下跌的假象，诱使投资者卖出，结果股价不跌反涨，让跟进做空的投资者踏空的一种市场行为。

骗线　指庄家或大户利用散户迷信技术分析数据、图表的心理，故意抬拉、打压股指，致使技术图表形成一定形态，引诱股民买进或卖出，从而达到利于己方获利的一种行为。

坐轿子　指目光独到或事先得到信息的投资人，在利多或利空消息公布前，先期买进或卖出股票，然后坐等股价大幅上涨或下跌，从中收获利润，就叫坐轿子。

抬轿子　是指利多或利空信息公布后才醒悟，预计股价将会大起大落，立刻抢买或抢卖股票的行为。抢利多信息买进股票的行为称为抬多头轿子，抢利空信息卖出股票的行为称为抬空头轿子。结果让他人获利，而自己获利不多，甚至亏损。

下轿子　坐轿客逢高获利了利润即为下轿子。

高抛低吸　简单来说就是低位买进，高位卖出。虽然这种操作策略是投资者都想掌握的方法，但因所谓的低位和高位很难判断，所以真正懂得精髓难度极大，需要投资者在反复的实战中不断总结经验和教训。

波段操作　是针对目前国内股市呈波段性运行特征较为有效的操作方法。由于在每年的行情中，无论大盘还是个股，都有主峰和主谷，因此，投资者可以把波谷看成建仓买入的机会，峰顶是卖出的机会，如此反复操作，就叫波段操作。

追涨杀跌　是散户最常见的操作方式之一。追涨就是看见股价上涨就立即追进买入。买入后股价不涨反跌，于是立即恐慌卖出。比喻不加分析、被主力牵着鼻子走的错误投资行为。

四、交易术语

交易时间　根据现行规定，股票交易时间为星期一至星期五，每日 9：15 分可以开始参与交易，11：30—13：00 为中午休息时间，13：00 再开始，15：00 交易结束。

集合竞价　指在每个交易日上午 9：15—9：25，由投资者按照自己所能接受的心理价格自由地进行买卖申报，电脑交易主机系统对全部有效委托进行一次集中撮合处理过程。

连续竞价　是交易所在每日 9：30 连续交易开始后，按价格优先、时间优先原则撮合成交的一种竞价方式。集合竞价未能撮合成交的委托自动转入连续竞价。

申报限制　指投资者买卖有价格涨跌幅限制的证券时，在价格涨跌幅限制以内的申报为有效申报，而超过涨跌幅限制的申报为无效申报。

涨跌幅限制　是指证券交易所为了抑制过度投机行为，防止市场出现过分的暴涨暴跌，而在每天的交易中规定当日的证券交易价格在前一个交易日收盘价的基础上上下波动的幅度。

涨（跌）停板　交易所规定的股价一天中涨（跌）最大幅度为前一日收盘价的百分数，不能超过此限，否则自动停止交易。

T＋0 交收　所谓的 T＋0 的 T，是指股票成交的当天日期。凡在股票成交当天办理好股票和价款清算交割手续的交易制度，就称为 T＋0 交易。

T＋1 交收　是指交易双方在交易次日完成与交易有关的证券、款项收付，即买方收到证券、卖方收到款项。

大宗交易　又称大宗买卖。一般是指交易规模，包括交易的数量和金额都非常大，远远超过市场的平均交易规模。

指定交易　是指凡在上海证券交易所交易市场从事证券交易的投资者，均应事先明确指定一家证券营业部作为其委托、交易清算的代理机构，并将本人所属的证券账户指定于该机构所属席位号后方能进行交易的制度。

内幕交易　是指内幕人员和以不正当手段获取内幕信息的其他人员违反法律法规的规定，泄露内幕信息，根据内幕信息买卖证券或者向他人提出买卖证券建议的行为。

场内交易　又称交易所交易，指所有的供求方集中在交易所进行竞价交易的交易方式。这种交易方式具有交易所向交易参与者收取保证金、同时负责进行清算和承担履约担保责任的特点。

场外交易　又称柜台交易。指非上市或上市的证券，不在交易所内进行交易而在场外市场进行交易的活动。

对敲转账　转账交易的一种方式。这是证券经纪商赚取投资利润的一种手段。经纪商低价买进股票，并收取客户的佣金，再以高价卖给另一客户，这样就赚取了大量利润。

调期转账　转账交易的一种方式。这种转账方式一般是因为投资者的"信用交易"融资期限将到，由于手头不便，便将到期的股票出售，偿还融资后再买进股票，这样便延长了一次融资机会，这是延长信用交易的技巧。

作价转账　转账交易的一种方式，一般是由某些投资集团操纵。他们先设两个以上的账户，然后将自己账户中的某些股票价位拉高，拉锯式地将股价抬高到顶峰状态，而后大量抛出以吸引游资，等股票完全脱手，便再放这种股票不利的空气，搞得人心惶惶，中小投资者纷纷大量低价抛售，他们抓住这个时机再大量购入，这种利用空头原理、借转账手段以达到蒙骗投资的行为，就叫作价转账。

撮合转账　转账交易的一种方式。股票经纪商同时接受两户以上同类同价同量的买卖委托时，很顺理成章地给他们相互转账调配，买卖双方称心如意地相互交换股票，而经纪商居中一转手便赚了两笔佣金，三方皆大欢喜，有时买卖双方在量、价、类上有些出入，那么经纪商就会从中调剂，把交易做成。

转托管　是专门针对深交所上市证券托管转移的一项业务，是指投资者将其托管在某一证券商那里的深交所上市证券转到另一个证券商处托管，是投资者的一种自愿行为。投资者在哪个券商处买进的证券就只能在该券商处卖出，投资者如需将股份转到其他券商处委托卖出，则要到原托管券商处办理转托管手续。投资者在办理转托管手续时，可以将自己所有的证券一次性地全部转出，也可转换其中部分证券或同一券种中的部分证券。

右侧交易　在价格的右侧进行买入，一般指突破交易。

左侧交易　在价格的左侧进行买入，也叫逆向交易，一般指突破逢低买入。

交易员　一般地，交易员是负责执行投资者交易指令的人，自己没有太多自主权。但在国内，交易员和操盘手经常指同一类人。

操盘手　就是为别人炒股的人。操盘手主要是为大户（投资机构）服务的，他们往往是交易员出身。

五、技术术语

K线　又称蜡烛图、日本线、阴阳线等。起源于日本18世纪德川幕府时代的米市交易，用来计算米价每天的涨跌。因其标画方法具有独到之处，人们把它引入股票市场价格走势的分析中，经过几百年的发展，已经广泛应用于股票、期货、外汇，期权等证券市场。该线可以用不同颜色分别表示股票的开盘价、最高价、最低价和收盘价。

K 线组合　指在股市实战中，当几根或一组 K 线组合在一起时，会发出建仓或卖票的信号。投资者根据这些 K 线组合，可以提高盈利和减少风险。K线组合形态有很多，投资者要不断进行熟悉和运用。

阴线　指开盘价高于收盘价的 K 线。阴线表示股价下跌。

阳线　指收盘价高于开盘价的 K 线。阳线表示股价上涨。

上影线　在 K 线图中，从实体向上延伸的细线叫上影线。在阳线中，它是当日最高价与收盘上影线价之差；在阴线中，它是当日最高价与开盘价之差。

下影线　在 K 线图中，从实体向下延伸的细线叫下影线。在阳线中，它是当日开盘价与最低价之差；在阴线中，它是当日收盘价与最低价之差。

实体线　指当日开盘价与收盘价之差。

十字星　是一种只有上下影线，没有实体的 K 线图。开盘价即收盘价，表示在交易中，股价出现高于或低于开盘价成交，但收盘价与开盘价相等。其中：上影线越长，表示卖压越重；下影线越长，表示买盘旺盛。通常在股价高位或低位出现十字线，可称为转机线，意味着出现反转。

吊颈线　指当股价经过一轮上涨之后，在高位出现一条下影线较长，并且实体很小的线，无论是阴线还是阳线，均被称为吊颈线。通常来说，吊颈线是强烈的卖出信号。

锤头线　指外形看起来像一把锤头，其特征是 K 线实体部分很小，一般无上影线或者上影线很短，但下影线很长。通常，在下跌过程中，尤其是在股价大幅下跌后出现锤头线，股价转跌为升的可能性较大。

红三兵　一般指 K 线连续拉出三根阳线，表明股价短期可能反弹上行。如果这一形态出现在底部，并且量能放大，股价后市上涨的概率和空间较大。

黑三兵　一般指 K 线连续拉出三根阴线，表明股价短期可能见顶回落。

如果这一形态出现在顶部，并且量能放大，股价后市下跌的概率和空间较大。

穿头破脚 表示第二根 K 线将第一根 K 线从头到脚全部穿在里面了。这种形态有两种，一种是在底部出现；一种是在顶部出现。从技术上说，底部出现穿头破脚（阳包阴）是股价回升的信号。顶部出现穿头破脚（阴包阳）是股价见顶回落的信号。

楔形 具体是指底部线和顶部线在运行过程中不断汇合。可分为上升楔形和下降楔形。楔形属于整理形态。

对称三角形 又称为等边三角形，一般情形下，对称三角形属于整理形态，即价格会继续沿原来的趋势移动。

旗形 这种 K 线形态就像一面旗帜，通常在急速而又大幅的市场波动中出现。价格经过一连串紧密的短期波动后，形成一个稍微与原来趋势呈相反方向倾斜的长方形，这就是旗形走势。

菱形 从外形上看，很像钻石。菱形可以看成扩散喇叭形接连对称三角形的合并图形，左半部和扩散喇叭形态一样，其市场含义也相同，菱形属于反转形态。

喇叭形 指股价经过一段时间的上升后下跌，然后再上升再下跌，上升的高点较上次为高，下跌的低点亦较上次的低点为低。整个形态以狭窄的波动开始，然后和上下两方扩大，如果把上下的高点和低点分别连接起来，就可以画出一个镜中反照的三角形状，这便是喇叭形。喇叭形属于反转形态，分为上升型和下降型。

V 形 指股价在下跌过程中，刚开始，空方的力量异常强大，一直压制着股价持续下滑。随后，多空双方的力量对比出现变化，多方的力量开始变得更为强大，推动股价出现大幅回升，并且，回升的幅度超过下跌前的高点。在 K 线形态上，形成像字母"V"的形态。V 形反转是强烈转势信号，投资者可考虑逢低入场。V 形走势属于反转形态。

W底　指股价在下跌过程中，形成两次底部，K 线形态走势看起来如英文字母"W"。它一般发生于波段跌势的末期，一般不会出现在行情趋势的中途。当W底出现时，意味着中期底部来临。见此形态，投资者可考虑入场建仓。W 底属于反转形态。

M 头　也称双头。M 头形态正好是 W 底形态的倒置，其股价走势犹如英文字母"M"，属于一种头部形态。M 头的形成是由于股价经过一段时间的上涨之后，一些投资者开始出逃。股价在经过短期的下跌后，获得支撑又重新向上攀升，然后在股价前期高点附近再次下跌，从而形成 M 头形态。见此形态，投资者最好先卖股离场。M 头形态属于反转形态。

头肩顶　顾名思义，图形由左肩、头、右肩及颈线组成。股价在上涨过程中，先形成左肩，然后形成头部，最后形成右肩。通常来说，如果头肩顶形态出现在顶部，股价向下逆转的可能性较大。这种形态属于反转形态。

头肩底　与头肩顶对应，头肩底图形同样由左肩、头、右肩及颈线组成。股价在下跌过程中，先形成左肩，然后形成倒转过来的头部，最后形成右肩。通常来说，如果头肩底形态出现在底部，股价向上逆转的可能性较大。这种形态属于反转形态。

圆弧底　这种形态的形成是由于价格经过长期下跌之后，原先比较凶猛的卖压逐渐消失。因为人气受损，股价只得在底部长期盘整。随后，弱势行情开始稍有扭转，买盘开始增加，股价缓慢上升。表现在 K 线图中宛如锅底状。这种形态属于反转形态。

金叉　股市中常用技术术语。是指短期移动平均线上穿中期移动平均线，或者短期、中期移动平均线同时上穿长期移动平均线的走势图形。因为这种均线组合是比较好的建仓机会，故被称为"黄金金叉"。

死叉　与金叉相反。是指短期移动平均线下穿中期移动平均线，或者短期、中期移动平均线同时下穿长期移动平均线的走势图形。因为这种均线组合预示着股价将下跌，可以考虑卖出手中的股票，故被称为"死亡交叉"。

均线　是移动平均线指标的简称。由于该指标是反映价格运行趋势的重要指标，其运行趋势一旦形成，将在一段时间内继续保持，趋势运行所形成的高点或低点分别具有阻挡或支撑作用，是投资者常用的交易技术指标之一。

5 日均线　就是 5 天股票成交价格或指数的平均值，对应的是股价的 5 日均线（5MA）和指数的 5 日均线（5MA）。

周线　就是一周的 K 线，以周一开盘价为周线的开盘价，以周五收盘价为周线收盘价。以一周内最高价为周线最高价，一周内最低价为周线最低价。

月线　在股市中，一般以一个日期为中心，在这个日期经过一个月后，即为 30 个交易日，就会算一个周期，长久下来，月线即为几个周期的组成。

半年线　指 120 日平均线。是按照股市 120 个交易日收盘点数相加的总和除以 120 得来。

年线　又称牛熊分界线。一般指 250 日平均线。因为一年间去掉正常休息日以及节假日外，所有的交易日加起来在 250 天左右，所以，年线表示在一年的所有交易日里所有投资人的移动成本，是均线系统中最重要的参考线之一。

多头排列　指短期均线上穿中期均线，中期均线上穿长期均线。均线系统呈向上发散状态。多头排列代表多方（买方）力量强大，后市将由多方主导行情，此时是建仓入场的机会。

空头排列　指短期均线下穿中期均线，中期均线下破长期均线。均线系统呈向下发散状态。空头排列代表空方（卖方）力量强大，后市将由空方主导行情，此时是抛股离场的机会。

趋势线　指用来衡量价格波动的方向的直线，由趋势线的方向可以明确地看出股价的趋势。在上升趋势中，将两个低点连成一条直线，就得到上升趋势线。在下降趋势中，将两个高点连成一条直线，就得到下降趋势线。上升趋势线起支撑作用，下降趋势线起压力作用。

压力线 又称为阻力线。当大盘或股价上涨到一定位置时，指数或股价会停止上涨，并转身回落，这是因为空方在此抛出股票所致。压力线起阻止行情继续上涨的作用。不过，压力线并不是一成不变的，而是动态变化着的。

支撑线 又称为抵抗线。当大盘或股价下跌到一定位置时，指数或股价会停止下跌，并企稳回升，这是因为多方开始在此买入股票所致。支撑线起阻止行情继续下滑的作用。

上升通道 顾名思义，指大盘或个股在一段时间内有规律地运行于两条平行线（或近似平行线）之间，并且趋势向上时，即为上升通道。通常来说，上升通道代表牛市或行情向好，可以大胆持股。

下降通道 与上升通道相反，指大盘或个股在一段时间内有规律地运行于两条平行线（或近似平行线之间，并且趋势向下时，即为下降通道）。通常来说，下降通道表示熊市或行情转坏，此时空仓持币最为安全。

微信扫码添加同花顺陪伴官小顺
获取更多图书增值服务

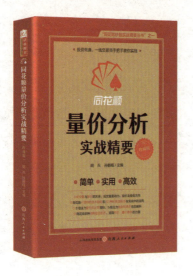

《同花顺量价分析实战精要》

书号：978-7-203-13616-3

《同花顺盘口技法实战精要》

书号：978-7-203-13676-7

《同花顺技术分析实战精要》

书号：978-7-203-13686-6

《同花顺分时技法实战精要》

书号：978-7-203-13700-9